# フランスの「文化外交」戦略に学ぶ

――「文化の時代」の日本文化発信

渡邊啓貴 著

大修館書店

# はじめに

二〇一一年一二月一二日、筆者はパリの歴史あるコレージュ・ド・フランス（フランス学院）の大ホールで開催された数百人規模の聴衆を集めたシンポジウム「文化外交」にパネリストとして参加していた。

インターネット放送を通してリアルタイムで放映された二日にわたるこのイベントは、フランス政府が二〇一一年に立ち上げた「フランス院」という文化外交を専門とする新しい機関の最初のイベントであった（第三章参照）。文化政策・文化外交では世界でも秀でた国とされるフランスですら、最近の中国・韓国・インドの猛追で、安閑としていられなくなったというのがフランス政府当局の認識である。サルコジ政権の国民教育大臣で、首相候補であったダルコスを代表とするこの機関を立ち上げた意図は、フランス文化外交の再編成と活性化にある。

筆者は短時間ではあったが、日本が文化外交に長年力を注ぎ、最近ではポップ・カルチャーもその視野に入れていることを指摘した。日常生活用品や日本食などを通して日本文化はいまや広い範囲で世界に受け止められている。それだけに筆者の指摘に興味を持つ出席者も多く、反響があった。

ジュペ外務大臣、フレデリック・ミッテラン文化大臣、ヴェドリーヌ元外務大臣、国立図書館長はじめ名だたる文化関係機関の責任者、ユニ・フランス（フランス映画普及協会）、大手出版社アシェット社長など文化・コンテンツ・観光産業からも代表者が報告し、さながらフランス文化外交の担い手のオンパレードとなった。冒頭近くの挨拶で、著名な文学理論家・哲学者クリステヴァが自分自身ブルガリアからフランス政府給費学生として来仏したのが学者人生のきっかけであったと述懐しつつ、「フランス外交そのものの中に文化がある」と指摘したことは改めて外交の本質を確認させられたことであった。

筆者自身、大学の教員でありながら、二〇〇八年から二年間パリ日本大使館で広報文化公使を務めた。そのときのささやかな実務経験から感じたことは、外交は結局人と人の接触であり、そこには否応なく、個々人の個性と同時に、全体としての文化接触があるということであった。そして日本の外交官は相手国にどのような印象を与え、語らずともどんなメッセージを伝えているのか。そうしたことをわれわれはどれだけ意識し、政策に結び付けているのであろうか。多くのことを考えさせられた日々であった。

いまや国際社会は「文化の時代」に突入しようとしていると筆者は考える。そして各国の外交には広義の「文化」が必要不可欠の時代となっている。本書で詳しく述べるが、ここで扱う文化という言葉は、思考・行動様式に代表される価値体系を意味する。一国の外交には相手を説得し、受け入れられるメッセージが必要である。この広義の文化的要素なしには、一国の外交が目指すヴィジョンや長期展望は相手には分からないし、それでは世界の指導的地位にある国の外交とはいえない。目先の国家利益誘導と実務手続きだけの外交活動に終わってしまう。

国際政治において、軍事の重要性は次第に相対化されていくことになった。冷戦の終結とグローバリゼーションの時代において、外交イシューは軍事・経済力に代表される「強制力」だけでは解決されなくなった。世界はそうした現実に直面している。それは非暴力的な粘り強い交渉が当たり前のこととなり、外交は文字通り「対話」となる。それはまた合意プロセスであり、新しい思考・行動様式を生む、価値創造のプロセスでもある。しかしそうしたプロセスが可能になるには、その背景としてそれぞれの国がもつ高い信用がなければならない。日本外交は高いレベルの経済・科学技術力を通して、そうした国際的信用関係を高めることに成功してきた。文化外交が可能な国になっているのである。

本書は、文化外交先進国のフランスの文化外交と比較して、日本の文化外交について論じたものである。筆者自身はここでは外交の一つの分野として文化外交を考えている。したがって本文の中で詳しく扱うが（第三章）、信頼性の高い国が対外広報活動の中で文化活動を利用するのが広報文化活動＝文化外交と考える。多々それは相手政府への直接的働きかけではなく、相手国民への間接的働きかけとなる。それを「パブリック・ディプロマシー」という言葉を使って表現するなら、文化外交とはその中の文化的性格の強い分野の活動をさす。現場では一般教育広報・文化活動と呼ばれる活動であることが多い。

特に、二〇〇八年から在仏日本大使館で勤務した経験はそうした筆者自身の考え方を検証すると同時に、日本外交を考える上で新しい地平を与えてくれた。理論と現場での経験の両方の観点から、本書は筆者が専門とするフランスの文化外交を通して、日本外交と日本の将来のあり方について考えてみたものである。

なお、本書は当初、体験談風の読み物として書き始めたが、大修館書店の小林奈苗さんのいろんなアドバイスを受ける中で、文化外交論の啓発的かつ体系的な議論の側面をあわせ持ったものにできればと考えるようになった。その点ではまだまだ勉強不足で十分な議論ができているとは言いがたいが、親しみやすいが実態と概念がいまひとつ漠然としている文化外交について、現場からの視点をもちつつ整理し、少しでも日本外交に有益であればという気持ちから執筆した。本書について多くの意見を賜れば幸いと思っている。

小林さんとは本書の構成や論調について何度もお会いしていろいろと議論した。寛容な姿勢で、こちらの主張もずいぶん聞き入れてもらった。本書は最初の原稿よりも遥かに読みやすいものになっていると思うが、それは小林さんのおかげである。記して感謝の意とさせていただきたい。

二〇一三年三月

渡邊啓貴

目次

# フランスの「文化外交」戦略に学ぶ

## ──「文化の時代」の日本文化発信

# 第一章　フランスから学ぶ文化外交

## 第一節　なぜフランス文化外交なのか

### 文化が外交をショーアップする――大西洋を渡った「モナ・リザ」

今日のフランスの文化外交の直接的先鞭をつけたのは、自ら初代文化相となったアンドレ・マルローとドゴールの協力による、文化省の正式な発足である。ノーベル賞作家で、人民戦線では義勇軍に加わってファシズム勢力と戦った世紀の無頼漢マルローは、祖国をナチスの手から解放した救国の英雄ドゴールとは刎頸《ふんけい》の交りとも言えた。

この二人が画策した文化外交のハイライトこそが、一九六三年一月、かの有名なレオナルド・ダ・ヴィンチの傑作『モナ・リザの微笑』が大西洋を渡ったときであった。所蔵美術館であるルーブル美術館やマスコミは当初大反対のキャンペーンを張った。「文化を売るな」ということである。フランスが持つ歴史の宝をそう安売りするものではない、それに多くの入場者の熱気やテレビ放映で絵を傷めてはならない。

実はこの文化大プロジェクトの布石は、大統領赴任の表敬訪問として前年にケネディ大統領夫妻が訪仏したときに打たれた。六〇年代、アメリカが輝き、世界が羨望の眼差しを向けていた時代、若き世界のリーダー、ケネディ夫妻の来仏をフランス国民は歓呼の声で迎えた。頑迷で前世紀の価値観の権化でもあったドゴール大統領も、ジャクリーヌ夫人の若さと知性にすっかり魅了されてしまった。その一方で、そのたくましい行動力にみなぎったアンドレ・マルローというヨーロッパの知性は、世界のファーストレディを虜にしてしまった。この訪問を契機に門外不出のモナ・リザのアメリカへの持ち出しが決定された。ジャクリーヌはマルローに、「モナ・リザをアメリカで展示させてほしい」と願い出たのである。マルローはすぐさま、それに応じた。二人の間では何通もの書簡が交わされた。

ワシントンのナショナルギャラリーとニューヨークのメトロポリタン美術館で開催されたその展覧会は未曾有の大成功であった。それぞれ二七日間と二か月弱の間に、六七万四〇〇〇人、一〇七万七五〇〇人の入場者を数えた。美術館にこれまで足を運んだことがない人々まで、「史上最も美しい女性の笑顔」を見に集まった。フィレンツェの女性モナ・リザは、アメリカとは違うヨーロッパ女性の美しさの神話を、アメリカ国民に焼き付けたのである。"60's"（シックスティーズ）――あらゆる分野で世界ナンバーワンの地位を謳歌していた六〇年代のアメリカが、一枚の絵に屈服してしまった。

そこにはもちろん外交上の大きな仕掛けがあった。当時フランスは、アメリカとの間で防衛戦略面での摩擦を深めていた。アメリカがイギリスとフランスに対して、ポラリスミサイルを拠出する代わりに、その核弾頭を自前で製造することを提案したナッソー協定にイギリスは同意したが、フランスは拒否したのである。またアメリカが西側の防衛上の役割分担を意図した多角的核防衛戦略構想にもフランスは乗らなかった。核爆発実験に成功したフランスが、アメリカの世界戦略の駒として扱われることにドゴールは「ノン」と言ったのである。ＥＥＣ（欧州経済共同体）への加盟を希望するイギリスを「トロイの木馬（アメリカの手先）」と痛罵し、断固として加盟を拒否し続けたのもまたドゴール大統領であった。

モナ・リザの渡米は、こうした米仏間の緊張関係の緩和の触媒として準備された。直前の一九六二年一〇月に勃発したキューバ危機では、フランスは西側で最初にアメリカを支持した。そしてドゴールはこの危機にもかかわらず、モナ・リザのアメリカ公開を取りやめようとはしなかった。

ケネディ大統領夫妻はこの展覧会のオープニングのセレモニーにわざわざ来席し、「フランスは世界第一の芸術の国」と祝辞を述べた。エルベ・アルファン駐米フランス大使は大晩餐会を開催したが、その夜会の招待状にはモナ・リザは「アメリカ大統領とアメリカ国民に対して」ささげられたものであると記されていた。文化外交成功の代表例である。

周知のように、その後ドゴール大統領とケネディ大統領の関係は疎遠となり、ドゴール大統領とケネディを引き継いだジョンソン大統領とは二回しか会わなかった。その後の米仏関係の悪化を決定的なものとしたのは一九六六年にフランスがNATOの軍事機構を離脱したことであった。

文化財を媒介としてその国に親しむということはよくある。実は一九七四年にモナ・リザは日本にも送られてきた。これまでにモナ・リザが海外で公開されたのはこの二回だけである。そのときと、ミロのヴィーナスが日本に来たときの熱狂はまだ筆者の世代の記憶にあるだろう。優雅なヨーロッパ女性の二様の美術作品は、長い歴史を背景にした普遍的な美しさを人々の目に痛いほど焼き付けた。多くの人がフランスに対する畏敬と羨望を掻き立てられたであろうことは間違いない。そうした人々がフランスを蔑視するはずはない。それも文化外交の効用である。

### 戦略的な広報活動としての文化外交からパブリック・ディプロマシーへ
#### ――米・仏文化外交の違いとフランスに近い日本の文化外交

本書は、フランスの広報文化外交が日本外交にとって大変に参考になるという立場をとる。パブリック・ディプロマシーや文化外交の言葉そのものの定義や使い方については、後に第三章で詳しく論じることにするが、ここでは、それらの用語が持つ日本外交にとっての意味を考えてみたい。

モナ・リザの展覧会の例を挙げるまでもなく、文化が人々に与える好イメージについてはアメリカのディズニーやハリウッド映画も同様である。太平洋戦争後、アメリカは日本国民にアメリカを理解させるためにどれだけのコストをかけたことか。松田武（二〇〇八年）の中ではそのことが詳細に論じられている。『リーダーズダイジェスト』や『ライフ』などのアメリカの雑誌の翻訳版を通して、日本国民の多くが先進的で近代化されたアメリカ文化に憧れ、理解することによって、親米的な考え方を持つようになること。それはアメリカの占領政策の重要な部分を占めた。ヘミングウェイやフォークナーやM・ミッチェルの作品を、どれだけ当時の日本人は愛読したことか。GHQは、率先して何を邦訳すべきか慎重に選別し、版権すら放棄して日本に「アメリカ文化」を広めようとしたのである。

これは人文科学分野において、戦前の日本人知識人がヨーロッパ人文主義の影響を強く受けていた事実をアメリカがよく知っていたからである。戦前までの日本の知的状況を変えようという意図をアメリカは持っていた。現在の「グローバル化」の波の中で、アメリカ的思考様式が世界に普及している状況を考えると、アメリカ文化の本質そのものにその普遍的要因があったということもできるが、終戦後しばらくの間は、アメリカの国策としての広報文化外交が積極的に進められたのである。そして占領政策を円滑に進めるためにも文化を通したアメリカ理解の促進は不可欠であった。

そのことは日本に限られたことではなかった。アメリカンセンターは世界的レベルでアメリカ文化普及のための有力な先兵《せんぺい》となった。アメリカはこうした一連の外交を「パブリック・ディプロマシー」(広報文化外交と訳されることがあるが、邦訳は難しいがあえて言えば(対)民間広報外交)と呼んだ。その意味については後に改めて第三章で考察するが、この文化外交政策は占領政策の一環としての重要な「宣伝外交(プロパガンダ)」でもあった。一連の出版・映像輸出、音楽普及活動は文化活動ではあったが、広報外交の意味を大いに持っていた。そして同時にアメリカ商業主義の拡大でもあった。この広報外交は文化産業の対外進出とも手を携えていたのである。広報外交・国際文化活動(交流・外交)・文化産業振興策の三身一体の構造が典型的に表現されていた。

しかしそのこととの正否はともかくして、このアメリカの対日「パブリック・ディプロマシー」は確実に日本人の中に親米派の数を増やした。多額の援助と豊穣なアメリカ文化の奔流は、日本人の屈辱にまみれた敗戦コンプレックスをも押し流してしまった。それほど日本社会の「アメリカ化」は急速に進んだのである。

アメリカの対日文化政策は、一九六〇年代末以後、外交をめぐる日本の知識人の間での親米リアリズムの台頭として着実に実を結んだ。「戦後派」、新しい世代には、敗戦コンプレックスは希薄であった。親米的政策がとるべき唯一のリアルな外交手段であるという否定的感覚はなかった。親米主義が敗戦と屈辱にまみれた戦前・戦中派の「痛みを伴ったリアリズム」であるとしたら、戦後派リアリズムはアメリカのパワーと世界の趨勢を素直に受け入れた上での現実利益追求主義であった。文字通り、戦後アメリカの対日パブリック・ディプロマシーの成功例であった。

日本社会にアメリカの影響を強めようという狙いを持った文化普及活動を推進していったのが、アメリカの一連の戦後の政策であった。つまり、政策的目標達成のための手段としての「文化外交」である。それは一般的な意味での「文化」の普及や文化交流ではなかった。

その意味では、それは冷戦時代のソ連の、自由主義社会に対して向けられた社会主義の理想像を伝えた「宣伝外交（プロパガンダ）」と変わらない。政治目的達成のための広報文化活動という点では意味は同じであるからである。しかし目標達成のためにはどんな手段でもかまわないのか、また事実と異なる主張でもよいのか、というと、それは今日、人々の受け入れるところではない。信頼感の欠如の上に真の外交は成立しないからである。第三章で詳述するが、そこに「パブリック・ディプロマシー」という言葉が巷間人口に膾炙される所以がある。

アメリカの文化外交政策は、戦後の冷戦状況の中でのグローバルな視野に立った、軍事・政治戦略と結びついた「影響力拡大政策」の一部であった。フランスの文化外交の場合にも、かつてイギリスと並ぶ植民地大国であったことから、発想的には大国の影響力政策としての名残は強い。本章の後半で論じるように、今でもこの国は「影響力」を強く意識している。しかし現実には、フランス外交そのものが恒常的に世界的影響力を持っているとは言いがたい。その広報文化政策は、世界規模で見れば部分的な影響力や国際的な議論の起爆剤や活性化のために貢献するにとどまっているというのが現実である。「国力」の規模によって影響力の及ぶ範囲が違うためである。

また文化外交は関連産業分野との連携を不可欠とする。大企業が多く貢献するアメリカと、政府の支援で支えていかねばならないフランスとの違いがある。こうしたいくつかの点から日本の立場はフランスと似ていると言ってよいだろう。

### 高級ブランドイメージの育成

多くの読者は、フランスと言えば「文化大国」、美術・文学・哲学・映画など、その洗練された感受性や表現力で世界をリードしてきた国ということに異論はないであろう。そしてそれがフランスの国家イメージを大変ポジティブなものにしていることも周知のことである。したがって、かつての「ヌーベルバーグ」に代表される映画、「六八年世代」の新しい価値観、パリコレに代表されるファッション・モードなどのフランスの社会現象が世界的に広まっていくことはよくあることである。文化の普及はフランスの対外的影響力の一翼を担っている。改めて言うまでもなく、フランスは「ソフト・パワー大国」と言ってもよいであろう。

たとえば歴史をひもとくと、「パリ会議」とか「パリ条約」というようにパリと名のつく歴史的事件がどれだけあるだろうか。それにリヨンやニース、マルセイユなどのフランスの大きな都市名のつく記念行事が加わる。そして多くの場合、そうしたことがフランスに良いイメージを与えている。戦争や紛争解決後の会議であれば、当然平和のシンボルのイメージであり、パリ万国博覧会の場合には繁栄と文化のイメージがついて回る。そうしたイメージが都市の名前の評価を上げるばかりか、ひいてはその国の好イメージに結び付く。

パリが美しく、魅力的な街であることが、どれだけフランスという国を好感の持てる国にしているか、改めて言うまでもない。

とにかく、「フランス風」とか「フランス的」ということだけで、一般には上品さや高級感の付加価値がつく。フランス風洋菓子とか、フランス料理というだけで高級感が生まれるのである。もともとフランスにはないチーズケーキが、「フランス風チーズケーキ」と名付けるだけで、値段が上がる。それは日本だけの現象ではない。

二〇〇三年のイラク戦争の開始をめぐって、激しく争った米仏であるが、そのときにおいてですら、アメリカ人はフランス文化に対する敬意を捨てたわけではなかった。当時二〇〇三年、筆者はアメリカのワシントンDCに住んでいたが、親しい国務省の欧州分析担当部長が米仏対立の真最中に、ジョージ・タウンのフランス料理店に筆者を案内してくれたことがあった。ホワイトハウスでは当時「フレンチ・フライ（ポテト）」が、「フレンチ」を避けて「フリーダム・フライ（ポテト）」に名前を変えていたころだったが、その店では給仕がフランス語を使い、フランス人がフランス語で注文をしていた。筆者の友人は、入り口の前の長い列の最後尾につくや客の列を指さして、「今日はあなたにこれを見せたかったのです。わたしたちはフランスが好きなのです」と誇らしげに語った。

日本の国力の規模、戦後わが国がとってきた平和立国としてのスタンス、経済技術大国としてのイメージからすると、日本の文化外交が軍事戦略的な政策広報の一環としての使命を持つことになる可能性は少ない。かつての大日本帝国が中国大陸と東アジアを席巻して「八紘一宇」の下に同和政策を模索した時代ではない。せいぜい特定の政策領域に限られた政治外交分野での、広報活動の一助となる程度である。なぜなら戦前・戦中の日本のような帝国的戦略は日本外交にはないからである。それが必要とされているわけでもない。

したがって、特定の政策広報でない限り、一般的な対外広報活動の中では、まず日本の理解とイメージの向上が文化外交の第一の目的となる。加えて、フランスと同様に日本には歴史文化の遺産がある。このことは文化外交にとって大きな強みである。単なるエンターテインメントであることを超えて、日本文化が権威付けされたものであることを意味する。権威は対外行動においてとても重要な要素であるからである。それは海外における日本文化理解にとっても有利な条件の一つである。ポップ・カルチャーとの大きな違いはそこにある。その意味でもフランスをはじめとする西欧諸国と日本の間には大きな類似点があると考えることができるだろう。

## 第二節　フランス文化外交の伝統

### 文化活動と国家の関係

それでは、世界に多くのファンを作ってきたフランスの文化外交政策とはどのようなものであろうか。(Roche et Pigniau, De Raymond, Roche et Lane)

フランスでは、一九五九年第五共和制発足後ドゴール大統領によって文化省が創設され、アンドレ・マルローが初代文化大臣に就任した。世界的に著名な文学者の起用によってこの省はショーアップされ、大臣自身の知名度も加わって文化大国フランスの存在を世界に大いに喧伝する演出となった。

しかし、言うまでもなく、フランスでは絶対王政の時代から、メセナが芸術保護の重要な役割を担っていた。本来、芸術活動は国家から自立していたが、第三共和政時代の一八七〇年一月、芸術・科学・文学省が大統領官房の下に設立された。しかし、すべての美術館を統合することはできず、その後も芸術活動を完全に国家が行政上統括するということにはならなかった。

とはいえ、フランスがその文化を対外広報活動の重要な手段として用いてきたのは歴史的事実である。一七世紀の終わりには、フランス語や思想・哲学の外国への普及はフランス対外政策の一環として行われるようになり、二〇世紀以後は絵画・映画などの海外輸出が盛んになっていった。フランスのこうした文化広報活動の特徴は、米英の民間主導の活動と違って国家主導の下に行われたことであった。

　改めて言うまでもなく、フランスは文化外交の歴史を誇る国である。冒頭でのクリステヴァの言葉にあるように、外交そのものの中に「文化があった」。その理由は簡単なことである。外交に携わる人々が教養人であったからである。フランスのエリート校として有名なパリ政治学院は、第二次大戦以前「自由学校」と称していたが、外交官を多く輩出してきた学校である。かつての外交官は基本的には無給であった。裕福な家庭の出身であることが多く、そうした人間が国のために奉仕するのは当たり前のことであったと考えられたからである。別の言い方をすれば、外交は庶民の関心の外にあった。外交はエリートの専管事項であった。

　このフランスの海外文化活動の特徴は、以下に述べる「歴史の古さ」「世界的な広がり」「公衆を対象とする」の三点にある。

## 外交と文化の結び付き

　歴史の古さという点では、名高い詩人ジョアシム・デュ・ベレーの例がある。一五五三年に彼は秘書兼経理として、叔父のデュ・ベレー枢機卿が聖務でローマを訪問したときに同行した。文学の世界の人間であるデュ・ベレーが外交の世界に足を踏み入れたことは、文学的名声と、家柄や政治的功績による社会的栄誉が重複したことを意味した。

　この当時、中東地域におけるフランス外交の目的はキリスト教徒の地位を擁護するものであった。一五三五年の条約で、フランソワ一世は皇帝スレイマン一世から、オスマン帝国におけるフランス文化と言語を保護する権利を与えられた。それは宗教上はキリスト教徒の庇護を目的としていた。この条約は、この地域におけるフランス文化・言語圏確立の基礎となった。ルイ一三世統治下のカナダ、一七世紀のマダガスカル、チュニス、アルジェ、極東地域におけるキリスト教使節団の活動も同様の目的を持ったものだった。

一七世紀になって、文化、特に文学と外交世界の結び付きはより顕著となった。リシュリュー宰相、そしてマザラン宰相は人文的素養のある人物を大使に任命し、フランス語の振興に努めさせた。フランス語をヨーロッパの王室と芸術界の使用言語とすることはビジネスにも結び付いていた。たとえば各国の王室コレクション向けの作品目録をフランス語で出版することは、フランス語の地位を高め普及させることを意味した。

科学、文化、芸術は外交関係の必須条件となっていった。一七〜一八世紀に出版された外交職に関する多くの文献は、文化的教養が外交職に不可欠な要素であると語っている。一六世紀から一八世紀の間、フランス人の多くの学者や芸術家がヨーロッパ諸国の宮廷から招聘されたことは、フランス的教養・文化に対する評価の高さを物語っていた。フランス語とフランス文化の影響は、ヨーロッパ、北アフリカ、オリエント、極東、さらに北米にまで拡大した。

クリスティーヌ・スウェーデン女王はストックホルムを「新しいアテネ（文化の中心地）」に再構築しようとして、宮廷での公用語をフランス語にし、画家・彫刻家・詩人・学者を招聘した。一八世紀後半には、若いギュスタープ三世はルイ一六世と文通し、フランスの哲学者デカルトの栄誉を称えてストックホルムに記念碑を建立した。思想家のヴォルテールは、ギュスタープの母であるルイーズ女王がフランス語に敬意を表したと聞いて祝福の言葉を送っている。

文字通り、啓蒙主義の時代はフランス文化の隆盛期でもあった。ロシアのエカチェリーナ二世のもとにいたディドロ、プロシア宮廷に呼ばれていたヴォルテールらの啓蒙主義者をはじめ、多くのエンジニア、学者、建築家、芸術家が、ヨーロッパ各国に滞在していた。

彼らは自国政府の秘密外交の片棒を担ぐこともあった。一七四三年、ヴォルテールはフリードリヒ大王がオランダで企んでいた策謀に関する情報をハーグから本国に伝えた。「フィガロの結婚」で有名な劇作家ボーマルシェは、ロンドンで英国の対米政策に関する情報収集にあたった。他にもプロシアでのミラボーの活動、ヴェネチアで大使秘書になったルソーなどの例もある。中でも学識外交官としての最大の人物は、ポンパドール夫人の庇護を受け、高位聖職者でありながら、ルイ一五世下の外務大臣、枢機卿、アルビの大司教、さらには駐ローマ大使を務めたベルニ枢機卿であろう。同卿はローマに四半世紀も滞在した。

このように当時すでに、文学・芸術はヨーロッパ宮廷生活とは切っても切れない関係にあり、対外活動と深く結び付いていた。

### 一七八九年――第二次世界大戦：国家と文化活動

一九世紀を通して、外交は文化活動を常に伴っていた。その多くの部分は修道会の海外での活動の拡大に負っていたが、政府による戦略的支援も多くなっていった。ナポレオンのエジプト遠征は最初のフランス流海外協力であった。オスマントルコとはキリスト教保護協定を更新し、一八四〇年以後宗教施設を支援した（渡航運賃の無料化など）。ギゾー内閣は、ルーブル美術館のコレクションを充実させる目的で、チュニジア探検使節団に補助金を計上している。レバノンやアメリカへの使節奨励のために資金的援助も行った。この時代、外務省の方針で初めて文化協定の締結が行われた。アルフォンソ・ラマルティーヌは一九四八年にわずか三か月間だけ外相の職にあったが、その間知識人の大使を数多く任命した。

一八七〇年から第一次大戦にかけての帝国主義時代には海外植民地獲得競争が活発化し、学校・病院設立、技術専門家の派遣を行ったが、各国は文化活動においても激しい競争を展開した。フランスの海外文化活動も政治的圧力を一層強く受けたものとなった。アメリカと西欧諸国は同じ地域で権益を争い、現地のエリート層にどのように食い込んでいくかという点をめぐってしのぎを削った。その手段として文化・教育政策は大きな位置を占めるようになった。

たとえばエジプトで英国の影響力が増大してくると、それに対抗してフランス政府はカイロにフランス語講座を創設し、外務省の特別基金から教員の給与が支払われた。一八九〇年にはカイロ法律学校が創設されたが、これは高等教育におけるフランス語公用語化の先例となった。一九〇二年、名高い外交官ジュール・カンボン在米大使は、米・メキシコ戦争において、アメリカがハーグの仲裁裁判所の使用言語を英語に一本化しようとして圧力をかけているという情報を本国に伝えた。それを受けてデルカッセ外相はデンマーク大統領に圧力をかけて、フランス語が法律と外交の普遍語であることを認めさせることに成功した。このようにフランスは、国際機関におけるフランス語公用語化のために努力した。一九一九年のヴェルサイユ条約が、英仏二言語で書かれているのはその好例である。少なくともそのころまでフランス語の外交用語としての地位は安定していた。

さらに、親仏的階層を育成するための教育・文化施設が積極的に設立された。第二帝政時代末期には、イスタンブールにリセが開校された。フランス政府はフランス語習得世代を育成し、彼らが将来トルコの指導者になることを願ったのである。

海外におけるフランス文化施設の開設の一環としてリセの開校がある。初期のリセとして、インドのポンディシェリー(一八二六年)、先に述べたイスタンブールのリセ(一八六八年)、研究機関としてアテネのフランス学校(エコール)(一八四六年)、同じくローマのフランス学校(一八七五年)などがあるが、特筆すべきは、一八八三年のアリアンス・フランセーズの創設である。この機関は、海外在住の「フランスの友人たち」を結集させることを目的にして設立された。普仏戦争で敗北したフランスが、海外教育・広報活動の拠点として海外に目を向けた表れであった。アリアンス・フランセーズの地位は当該国の法規制の対象に入るものだが、同時にパリのアリアンス・フランセーズ本部とも連携している。

海外での最初のアリアンス・フランセーズはプラハ(一八八五年)で設立され、次いでコペンハーゲンと中国(一八八六年)、メルボルン(一八九〇年)に誕生、二〇世紀を通じて発展し続けた。エチオピア、レバノン、エジプトなどにも第一次世界大戦以前に学校を設立した。

それまでフランス文化外交の優先地域は中東であったが、アリアンス・フランセーズはラテンアメリカ地域との協力と交流に本格的に乗り出した。海外への教師派遣のために、一九一〇年に大学・フランス人学校局も創設された。また最初のフランス語学院がフィレンツェ(一九〇七年)、マドリード（一九〇九年）で設立された。フランス学院はアテネ、ロンドン、サンクトペテルスブルグにも開設され、大学課程が中国、エジプト、レバノンに、考古学学校がカイロ（一八八〇年）に設置された。

フランスの文化ネットワークは着々と構築されて、一九一四年以前の段階で、オスマン・トルコ帝国のフランス語学校の生徒数は八万人から十一万人にも上った。一九一八年以後はラテンアメリカ地域で、一九八〇年以後は東アジアでも次第にそのネットワークは拡大した。既存のものに加えて、新たに中国・台湾でもアリアンス・フランセーズは設立されるようになり、一九八九年以後一三の学校で二万一五〇〇人の生徒数を数える。

第一次世界大戦中、文化活動への国家の介入は拡大した。戦争の結果、心理戦、情報操作、プロパガンダを促進するためのネットワークを拡充することが重要な政策目標とされるようになったからである。政府主導の文化活動が定着したのは、おそらくこの時代である。二〇世紀フランスの文化活動を特徴づける伝統の開始でもあった。

一九一八年、音楽高等師範学校（エコール・ノルマル・ド・ラ・ミュージック）を創設した音楽家アルフレッド・コルトーは、国際レベルで芸術関連の情報収集を行い、芸術活動振興のための「芸術普及機関」設立の音頭をとった。この機関は一九二三年には、海外に二五〇名を超える人員を配置し、一九二〇年には、大学活動、芸術活動、芸術作品普及活動の三つの部門の任務を持つようになった。議会の予算報告書に、「われわれの文学、芸術、工業文明、思想は海外での強力な魅力を常に発揮している。われわれの大学、海外の学校はフランスのためのプロパガンダの真の中心となっている。それはわれわれの手中にある武器でもある。それゆえ、外務省と海外の諸機関は全力を挙げて海外へのフランスの知的浸透を主導し、支援するものである」と断言し、そのことは「フランスの在外活動の間違いなく最も効果的な形の一つ」と記されていた。

外務省予算の中で文化・言語・人道活動の占める割合は、一八八〇年には一・九％であったが、一九二九年から三八年には一六・一％から二〇・四％に増大した。この間活動重点地域は中東地域ではシリアとレバノンが優先されるようになった。オーストリア＝ハンガリー二重帝国の崩壊の結果、中・東欧地域は第一次大戦前に比べて優先順位が飛躍的に上昇し、予算全体の三分の一を占めるまでになった。

英国は一九三四年、英語・英国文化普及のためのブリティッシュ・カウンシルを開設したが、フランスもまた、ヨーロッパ各地にフランスの教育文化施設網を発達させた。一九一九年にはバルセロナとナポリ、一九二四年にはザグレブ、一九三三年にアムステルダム、一九三七年にはリスボンとストックホルムに施設を設立した。ヨーロッパ以外の国では、一九二四年東京に日仏会館、一九二七年にはポール・クローデル駐日大使の下で京都に関西日仏会館（当初、蹴上・九乗山に設立）、同年サンチャゴ（チリ）でも教育文化施設が設立された。

文化協定の締結戦略が実施された。協定は一九二九年にイラン、一九三〇年にデンマーク、一九三六年にオーストリアとスウェーデン、一九三九年にはルーマニアと結ばれた。これらの一連の協定を契機としてフランス語教育の活発化が見られ、教育省から派遣教員の数が増加した。フランス語教育機関に一二〇名、小・中・高に一三〇名、大学に三〇〇名が両大戦間に派遣されている。

こうした中で一九二二年にフランス芸術普及・交流協会、後の「芸術活動に関するフランス協会(AFAA, Association française d'action artistique)」が発足した。この機関の本格的な活動は第二次大戦以後であったが、こうした分野での政府による振興政策がすでに俎上にあったのである。大戦中、「自由フランス」(ドゴール派レジスタンス)の人々は、海外の学校や本部をパリからロンドンに移転させたアリアンス・フランセーズの活動に注目していた。ドゴールは一九四三年、アルジェでの重要な演説で、自らの文化・交流観を語っている。「フランスは今日まで何百年もの間、その天賦の才を海外でずっと認められてきた。おそらく、芸術、科学、哲学の領域における、国際競争は飛躍の原動力であるが、そうした分野で人間性が奪い去られるようなことがあってはならない。(中略)われわれと他者との間の知的、道徳的で自由な関係を通して、フランス文化の影響力はすべての人に対して好ましいものとなり、そうして、われわれの価値もまた成長するのである」と。

やがてレジスタンスの勢いが強まる一方で、対独協力政権=ヴィシー政府は国際的孤立を深めてゆき、ヨーロッパでは多くのフランスの教育文化施設が閉鎖された。有力なフランスの文化施設やアリアンス・フランセーズは、ヴィシー体制と断絶し、「自由フランス」を支持した。そして解放後の一九四五年、フランス対外文化交流・活動総局が誕生した。文化・科学・技術の分野を網羅する本格的な対外文化活動=文化活動の始まりであった。

## 第三節　戦後文化外交体制の確立

### ❖一九四五〜九五年：文化外交の飛躍
### ――DGM（グローバル化・開発・パートナーシップ総局）の創設

終戦直後のフランスの文化外交の課題は、戦時中中断していた海外との知的交流の復活、教員・講師の海外派遣や書物送付支援、フランス思想の海外普及などであった。フランスには歴史的にフランス外交が担ってきた文化の伝播者としての使命感があった。それはフランス的価値の普遍化を目指したものであった。

とりわけ海外でのフランス語教育の再活性化が大きな課題となった。この時期、大使館に初めて、文化参事官のポストが創設された（一九四九年には一四名）。文化協定の調印や、二国間文化協力の目的やプログラムの取り決めを行う合同委員会が作られ、一九四五年から一九六一年の間に、六〇の二国間取決が調印された。

海外のフランス語教育のための学校やアリアンス・フランセーズの活動が活発化する一方で、旧植民地地域の独立によって、こうした国々に対する文化活動のあり方を再検討することが不可欠となった。こうした戦後の新たな状況を前にして、フランスは一九五〇年代末に、以下の四つの課題を掲げた。すなわち①フランスの言語と文化の優越的地位を固守する、②技術協力の対象を戦後の新しい独立国に拡大する、③教育・文化交流などの歴史的文化関係の維持・補強、④旧保護領およびカンボジア、ラオス、ベトナムのインドシナ三国家に対する文化関係部局の統合であった。

一九六〇年代は、文化活動、技術協力、商業・産業活動を結び付けて対外文化活動が模索された時代である。一九六一年以降、途上国の公務員管理職の育成のための大規模のプログラムを実施、フランス滞在のための奨学金授与、あるいは現地への専門家・技術者の派遣などが行われた。これには、①インドシナや北アフリカ（モロッコ、チュニジア）にフランス人教員を派遣する、②当該国の教員を現地で養成するという二つの方法があった。

技術協力には、行政（公衆衛生、関税、郵便、財務など）やインフラ整備（電気、農業、通信など）も含まれ、そこでの使用言語はフランス語であった。一九六〇年代末には、全世界に八〇人の文化参事官・担当官が赴任し、五九のフランス学院、一五〇の文化センター、小・中・高あわせて一八〇のフランス人学校を数えるまでになった。アリアンス・フランセーズは約八五か国に存在し、八〇〇以上の地方委員会を有した。一〇〇を超すフランス映画専門の映画館が開館し、二二万五〇〇〇人近くの外国人フランス語教員が教員育成援助の恩恵を受けた。

この時代のフランス文化は、実存主義哲学をはじめとした思想面で世界の知的リーダーとしての役割を果たしたばかりか、映像やポップミュージックなどの商業文化的側面でも大きな存在感を示していた。それはフィルム・ノワールやシルヴィ・バルタンなどの歌手に代表される親しみやすい大衆文化であった。戦後隆盛を謳歌したアメリカ映画界の象徴的な女優、オードリー・ヘップバーンのパリを舞台とする映画はパリ紹介の観光フィルムのようでもあり、アメリカ人に新しいエレガントな発見の喜びを与えた。ヘミングウェイや画家エドワード・ホッパーに代表される多くのアメリカの文化人・芸術家はフランス文化に大きな影響を受けていた。ヘミングウェイは伝統と新しいアメリカ文化を同時に体現した。そのヘミングウェイが好んだのはパリの都会的文化であり、ヨーロッパのエキゾティズムであった。

そして一九七〇年代には、文化活動に科学分野が統合されるようになる。一九七九年、DGRST（文化・科学・技術交流総局）が、フランス語・フランス文化の地位向上と、海外との科学・技術交流活動を一つにまとめた。フランスの対外文化活動の刷新は、専門職化、文化交流、メディアの活用を通した三つの方向で行われた。専門職化により、文化会館などでの文化活動の実務に関わる人材からスタッフを登用し、フランスでの基礎的な教育の後、世界各地での文化芸術プログラムに従事するようになった。文化交流の分野では、ドイツでフランス学院が、フランスではドイツの海外文化施設であるゲーテ・インスティチュートがそれぞれ相手国の機関と共同の事業運営を始めた。その活動はフランス色一辺倒から他国との交流を交えた活動、すなわち文化の対話を目指したものへと変容していった。メディアの分野では、一九八四年にフランス語による国際衛星放送局TV5が放送を開始した。フランスの公共放送をスイス、ベルギー、カナダ・ケベックのフランス語の局と結び、TV5は次第に欧州の外へと発展してゆく。また、聴取者数で世界ランキング二七位であったRFI（国際フランスラジオ放送）局は八位にランクされるまでになった。

しかし、フランス文化外交が最も大きな転換を迫られたのは、一九八九年から一九九一年にかけてのベルリンの壁崩壊とソビエト連邦の解体であろう。冷戦終結を境に東欧諸国にフランス文化施設が新設された。特に視聴覚情報伝達手段の発展に伴い、科学・技術協力の分野での活動が多様化していった。

そうした中で、アラン・ジュペ外相が主導した一九九五年の大改革があった。この改革の基本方針は、①文化部門と言語部門の再編の連携を通した対外活動の発展、②人事管理手続きの分散化・迅速化、③量的および質的評価方法の準備、④スタッフのキャリア管理刷新、の四つの方向であった。

二〇〇九年のグローバル化・開発・パートナーシップ総局の設立は一九九八年の外務省と海外協力省の融合（外務省の国際交流事業を担当していた文化科学技術総局（DGRCST）と、旧植民地諸国への国際協力事業を管轄していた海外協力省を統合して、外務省に国際協力・開発総局（DGCID）を設置）以来、最も重要な改革であった。これは、文化・科学のネットワークと経済・財政統制、気候・保健・教育・環境保護の発展などの国際社会全体の議論とを一つにする総合的な試みであった。この方針は、国際協力・開発総局、経済・金融問題局、国連局経済問題分科局、国際機関分科局の融合から生まれた。グローバル経済と成長戦略、世界的公共財、文化政策とフランス語の普及などの広範な活動領域を包摂する部局の誕生であった。

## フランス芸術活動の普及

他方、海外での芸術活動（音楽会・演劇・ダンス・美術展覧会など）を支援してきたのは「芸術活動に関するフランス協会（AFAA、Association française d'action artistique）」であった。この団体の母体は一九二二年に創立され、文化省や外務省と強く結び付いた活動を行ってきたが、二〇〇六年に「フランス思想普及協会（ＡＤＰＦ、Association pour la diffusion de la pensée française）」（一九四六年設立）と合併して、「カルチャー・フランス（Cultures France）」（公団）となった。その海外での現地法人協会はアリアンス・フランセーズ同様に外務省の管轄のもとにある。こうした拠点の少なくとも二〇％（全体で一〇七〇拠点）が外務省の支援を受けている。文化省や国民教育省はそれぞれの形で海外文化広報活動を展開しているが（文化省の場合、全国翻訳図書センターやカルチャー・フランスへの補助金、一九六三年マルロー大臣によるアメリカでのモナ・リザ展開催やアブダビ・ルーブル美術館設置などの文化省管轄の大美術館の海外での紹介。国民教育省の場合には、マドリードの「ヴェラスケスの家」、ローマでのフランス校など海外研究拠点の設置）、海外活動の分野で中心になってきたのはやはり外務省である。二〇〇三年の例でいえば、文化普及予算総額一〇億ユーロ強の内八二％を直接・間接的に外務省が管理していた（主に研究機関のネットワークの維持やフランス語リセ、アリアンス・フランセーズなどへの支援）。

また外務省は世界一六〇あまりの在外公館に語学・オーディオ・文化関係の担当官を置いているが、二〇〇八年現在、一四一の文化施設および文化センターを管轄する。「海外フランス語教育庁（Agence pour l'enseignement français à l'etranger）」がフランス語教育プログラムを有する教育機関（就学者数一六万四〇〇〇人）を統括する。それ以外にも「カルチャー・フランス（芸術・知的分野）」「キャンパス・フランス（フランス政府留学局）」「ユニ・フランス（フランス映画の海外普及活動）」を通したフランス文化普及活動を推進している。

加えて、関連文化活動機関として、「フランス語圏国際組織（ＯＩＦ、フランスが八〇％財政支援する国際機関)」がある。フランス語圏人口は二億二〇〇〇万人と言われ、地域別ではヨーロッパが四〇%、サハラ以南のアフリカやインドで三六%、北アフリカ・中東で一五%の比率である。アレクサンドリアにサンゴール大学を創設し、二〇〇七年には六五九の大学でフランス語教育実施を開始させた。フランス語推進活動の中心は「フランス語圏大学庁(AUF)」であったが、二〇一〇年以後は、「フランス語圏の家(Maison de la francophonie)」がそれを継承している。

### フランス海外広報文化の二つの柱——語学教育と文化の普及

一八七〇年から一九六〇年までの間、フランスの海外文化政策の基本は、フランス語学教育とフランス文化の普及という二つの大きな柱によって構成されていた。

第一にフランス語教育は、アリアンス・フランセーズを筆頭とする語学教育機関にとどまらず、文化研究・活動機関においても積極的に進められた。フランス語の書籍や演劇や映画の普及に大きく貢献すると考えられたからである。その中には文化・教育施設やアリアンス・フランセーズでのフランス語の図書室の整備、フランス人の講演を実施することなども含まれていた。

第二の文化的行事の実施については、植民地時代からの伝統で、フランス文化の「優越性」を普及させるという意識が強かった。そうした「啓蒙主義」の姿勢は次第に技術的・科学的「協力」という姿勢に変化していったのが現実である。つまり、上意下達の構図による文化伝達ではなく、相互交流という双方向の発想が基調となっているのが今日の実情である。たとえば一九八六年にはフランスで「インド年」と銘打って一連のインドの文化行事が実施されたが、八九年にはインドで「フランス年」が実施された。九七年に「フランスにおける日本年」が開催されたのに続き、九八年に「日本におけるフランス年」が開催されたのも、こうした一連のフランスの対外文化政策の発展の延長にあった。そのときに日本で設置された自由の女神像は、今ではお台場の象徴である。

こうした中で海外でのフランス文化紹介は、絵画・写真展、ダンス・演劇の上演、映画祭などが次第に中心になっていった。とりわけ、オーディオ・ビジュアル領域への傾斜は顕著である。一九八七年にはラジオ・フランスが設立した「RFI」が独立し、八四年には先述したようにフランス語圏の放送局としてTV5が設立され、毎週七三〇〇万人の視聴者数を記録した。その他にも「カナル・フランス」(一九八九年)、「フランス24」(最初のフランスニュース専門チャンネル、英仏アラブ語、二〇〇六年)などがこの分野の取り組みの成果である。

海外での文化活動の施設の予算の多くは国家予算で賄われている。アリアンス・フランセーズは授業料や映画などの入場料、個人の寄付などで全体の七五%が自己資金で賄われている。多くの文化施設が五〇%以上の自己資金運営である。海外のフランス語の中学・高等学校の自己資金率は六〇%であると言われている。

## 第四節　フランス文化外交の危機感と躍進
## ――「フランス院」の誕生

### 文化外交大国の危機感

二〇〇八年から二〇〇九年にかけて、フランスでは文化・科学分野で対外進出を「影響力を持つ外交」として位置づけようという姿勢が改めて強く押し出されるようになった。

「アメリカの文化外交」について大著を表した在米大使館の元文化担当官フレデリック・マルテルは、フランスの影響力喪失の原因を四つ挙げている（フレデリック・マルテル、二〇〇九年）。

一　テレビチャンネルの増加が欧州外からの参入を招き、コンテンツ競争を激化させた。

二　高齢化、若年層の減少により、エンターテインメント産業がターゲットを失った。

三　ヨーロッパの伝統的な文化はグローバル化、デジタル・コミュニケーションの時代に必ずしもそぐわない。

四　米国、インド、中国、ブラジルなどにおける文化普及の特徴は、一般大衆を対象とする批評界が存在し、文化市場の均等性が認められる。ヨーロッパではそうした文化普及の条件が十分ではない。文化受容者は一部の有識者層に限定され、文化の大衆性が少ない。

二〇〇九年一〇月二八日、「国境なき医師団」の創立者の一人であるベルナール・クシュネール外務相は、文化外交大国であるはずのフランスが深刻な危機に陥っていることを明らかにした。予算減額、明確で永続的な戦略の欠如、職員のキャリア管理の不十分さ、専門研修の欠如、関係各省の政策が不明確であること、活動部局や人員の意欲の低下、それに対する批判が増大していることなどを指摘した文書が関係職員全員に配布された。クシュネールの意図は、フランスの対外的影響力を拡大させるための「グローバル化省」とも呼ぶべき機関が海外文化活動を主導する体制を構築することにあった。加えて公益機関の強化、大使館文化部とその他の独立機関との融合を通して文化領域を網羅するネットワークを構築する必要性などであった。

こうしたクシュネール外相の意図を受けて成立した二〇一〇年七月二七日法は、「キャンパス・フランス（フランス政府留学局）」、「フランス専門技術インターナショナル・フランス専門技術普及国際機関（France Expertise internationale）」、「フランス院（Institut français）」という三つの公的機関の創設とその使命を以下のように示している。つまり海外におけるフランスの影響力を推進することと、海外文化活動面での協力である。これらの機関は政府の監督下にある。フランスが奢侈品業界などの民間による伝統的部門に強いことはよく知られているが、全般的な文化・教育分野と同じく、そうした分野での海外発展の取り組みも国家政策として位置づけられている。

第一の「キャンパス・フランス」は、高等教育促進と専門家育成の評価と地位の向上、海外からの学生・研究者の受け入れ、学生・研究者の奨学金制度と研修の促進、その他海外派遣プログラムの管理、高等教育の推進などを目的とする。この機関は外務省と、高等教育・研究省、「移民・統合・国民同一性（アイデンティティー）・連帯による発展省」の共同監督下に置かれており、海外では大使館・領事館を中心とするネットワークを利用して活動する。

二番目の新設機関「フランス専門技術インターナショナル」も同じく外務省の監督下に置かれる公益機関で、フランスの海外における専門技術の援助と普及と協力の推進、さらには二国間および多国間の資金調達に関する計画業務の監督に携わる。それまでの「フランス協力インターナショナル」（対外技術協力機関）の役割を継承する。

### 国家が支える文化外交の拠点「フランス院」――日本にも設置

同法による三番目の機関が「フランス院」である。二〇一〇年七月にこの新しい文化機関の設置が決まり、翌年一月に正式に発足した。本書冒頭で触れたシンポジウム「文化外交」を組織した機関である。この新機関は、カルチャー・フランスを編成変えしたものであり、この機関の代表は二〇一〇年まで国民教育大臣をしていた保守派の大物閣僚経験者ダルコスである。カルチャー・フランスが一九〇一年法（アソシエーション（協会・団体）法）による公団・公共団体、アリアンス・フランセーズが民間団体であるのに対して、その公的地位は民間企業との活動協力も可能な公共機関（EPIC）である。一四〇の海外文化機関を束ね、一三五か国に展開するアリアンス・フランセーズ一〇一六校と提携し、五〇〇〇人ものアーティスト、役者、文化専門家と組んで、海外で年間五万件もの文化行事を組織する。

二〇一〇年七月の記者会見で、フレデリック・ミッテラン文化相は、フランス院は外務省と文化省の共同傘下の機関であるとしている。海外の文化活動の中心は従来、外務省の管轄であり、公式には文化省には何の権限もなかったが、新しい機関は二つの関連省庁の協力による組織であることが強調された。またこうした海外広報文化活動体制の強化の狙いが、アメリカの文化覇権（ヘゲモニー）に対する挑戦にあることも指摘した。そして「われわれは世界の大きな転換の時期にある。このとき、大きな問題は相互依存関係にある中国とインドの間で、フランスの占める場所がどこにあるのか、ということなのである」と語った。新興国による海外文化活動の攻勢に対する文化大国フランスの危機感がそこには滲み出ている。

フランス院は発足から五年間に、一億ユーロの補正予算を外務省から受けることになっている。その目標は、①海外における芸術面と文化産業市場でのフランス製品の増産、②視聴覚分野でのフランスの存在感を強化すること、③発展途上国にとって利益となるように、文化的多様性の向上を図ること、④フランス語の普及、などである。今後のフランスの文化外交の地理的優先順位の第一は、ヨーロッパであり、そこでのエリート養成である。将来のフランス語理解者の育成を通した政治的影響力の強化である。第二がフランス語圏アフリカ諸国、地中海地域諸国との文化対話の増進である。国家で文化外交を支えるという姿勢は依然として揺ぎない。

一方で、日本の場合、コンテンツ分野での民間資本の海外進出が急速に発展したことは事実であるが、そのことが外交とどうリンクしているのか。リンクさせるべきなのか。そうした点については明らかではない。企業は資本の論理で動く。外交の論理とは直接つながらない。利益が上がるところには進出するが、そうでなければ撤退する。政府のバックアップがない限り、無駄な動きはしない。したがって海外での拠点作りの意義や進出の枠組みを、政府の方から積極的に方向付けしていく姿勢は常に必要であろう。さもなくば、景気に左右されてしまい、せっかくの文化外交のツールが無意味になってしまうだろう。

フランスでの文化外交改革の動きは、二〇〇八年の白書にあるように、いくつかの段階を経て進められた。中でも二〇〇九年三月一六日にグローバル化・開発・パートナーシップ総局が創設されたことは大きな転換点であった。それはフランス院の成立に直接につながった。つまりその総局の名称が意味しているように、フランスの文化外交関連の諸活動を統合・連携することにその意味はあった。すなわち「オール・フランス」外交の確立である。

実は、フランス院は日本にも存在する。東京・飯田橋にある日仏学院にそのオフィスはある。二〇一二年六月の開所式はフランス大使公邸で盛大に行われた、フランスの代表であるダルコス元国民教育大臣（フランス院代表）もこの式典のためにわざわざ来日したことは、フランス政府の力の入れ方を示している。

### 「オール・フランス」体制の文化外交

このフランス院の構成については同院のウェブサイト（http://www.institutfrancais.com）や文化外交についてのラヌの著書に詳しい（Lane, 2011）。

先に触れたようにフランス院の事業運営は、ＥＰＩＣという日本にはない事業形態をとる。基本的には行政・商工業の公共部門での活動を目的とするが、民間企業との協力体制が可能な運営形態を持っている。また民間からの寄付や資金援助も可能である。日本の制度にはない機関であるので、駐日フランス大使館も日本での活動のために日本政府の説得に努めているのが実情である。柔軟な活動形態が可能な事業体によって、文化外交として括れるあらゆる活動をこのフランス院は網羅している。たとえば、以下のようなものが挙げられる。

①海外文化芸術作品・人物の受け入れと育成、著作、芸術作品、作家の大規模な展示などを通してフランスの学識・科学文化を海外に紹介する。
②文化遺産についての査定業務。
③映画・視聴覚関連業界、出版業界の協力。
④フランス語の海外における紹介、教育、普及。
⑤海外におけるフランス文化網や体制の形成、フランス文化の紹介についての外国人専門家の養成。

これらの活動を各省庁との関係で整理してみると、以下のような形になる。

第一に、外務省と文化・通信省との協力である。フランス院は外務・文化二省の結合が出発点である。CNC（全国シネマ・動画映像センター）やCNL（全国図書センター）など文化・通信省下の公的機関のほか、輸出に携わるユニ・フランス（フランス映画普及団体、CNCの下部組織）、フランス音楽輸出ビューロー、国際フランス出版事務局との緊密な関係が必要である。ライブショーや造形芸術の交流促進もフランス院の使命であり、フランス国内外にある芸術家滞在施設の活用も重要である。ちなみにフランスは京都に「ヴィラ九条山」という芸術家の滞在施設を保有しているが、作家・アーティストの対話・交流は重要な活動の一つである。しかし近年、予算と地理的条件により運営が厳しくなっているという。インターネット上でのフランス文化情報の提供、文化遺産のデジタル化も急務とされている。フランス語普及のための高等教育施設などの諸機関、主要美術館、国立劇場との関係は不可欠である。

第二に、高等教育・研究省との協力は、研究刷新のための協力によるフランスの科学・技術水準の向上と維持、人類が直面する世界的な脅威に対する国際協力、開発援助への貢献などの目的を持っている。また高等教育・研究省は、しばしば外務・ヨーロッパ問題省との連携によって国際研究協力を行うが、フランスの研究予算のおよそ四二%が、国際科学協力の活動に対するものである。

第三に、地方自治体との国際協力である。それは地方自治体の安全と繁栄のための貴重な手段であると考えられており、地方自治体は二〇〇八年から、地域圏議会と外務省の支援を受けて国際協力プロジェクトを実施する。地方自治体の国際活動としては姉妹都市提携、開発計画、技術交流、経済促進活動などである。特に優先地帯（サハラ砂漠以南のアフリカ、地中海、フランス語圏）での協力を重視している。その活動は経産・財務・対外貿易省の共同機関であるユビフランス（フランス企業振興機構）などと協力した形で実施されている。全国地方自治体協力委員会、地方自治体海外活動代表団、フランス市長協会、フランス県連合会、地域圏（州）協会、欧州コミューン・地域圏評議会フランス支部（協会）などが地元での活動を支える。

第四にＥＵの対外文化戦略やユネスコとの協力がある。二〇一〇年九月の会合で、ＥＵはヨーロッパ・地中海文化の対話、ヨーロッパ評議会では文化を取り上げ、参加国の文化組織を紹介するプラットフォームの構築などを議論している。

文化については、①「EU（欧州連合）二〇二〇」戦略の中で文化関連企業に対する支援、文化の持つ創造性・革新性の発見、②貧困や社会的排除に対する闘いの中に文化の役割を見出すこと、③生涯教育、文化間の対話と市民権プロジェクトなどで合意、二〇一〇年十一月の文化相（閣僚）理事会で採択された

このほか、欧州文化アジェンダ二〇〇七～二〇一三・二〇一一～二〇一四、欧州遺産ラベル（フランスの提案）、映画館のデジタル化などがEU文化政策との協力によって進められている。二七の参加国の対外文化活動拠点を示す地図の作成、そのデータベースは、EUの交流プラットフォームCircaを利用して、各参加国が利用できる。二〇〇六年に開設された、各国の文化機関ネットワーク網であるEUNIC（『EU各国文化インスティテュート』という名称のウェブサイト、EU National Institute for Culture）の役割も重要である。対象優先地域はブラジル、ロシア、インド、中国、EUの近隣諸国である。伝統的な文化外交の範囲に収まる内容であるが、よりテーマ性の強いアプローチ（文化と開発、創作産業）をとっている。

ユネスコは二〇〇五年一〇月、文化表現の多様性を保護・推進する条約「文化多様性条約」を採択した（二〇〇七年三月発効）。この条約がEUの文化関連戦略の基準になっている。これにより、文化活動、文化財、文化サービスの特殊性は、価値と意義をもたらすものとして認知された。また国際文化交流を促し、途上国を支援する適切な手段とみなされる視聴覚・音楽・書籍出版分野、ラ

イブショーなどでの具体的な活動についての交流、企画・協力方法などがこの条約には定められている。

第五に、外務省が中心となって文化・科学外交を主導し、優先事項を定めていく。文化・科学外交の現在の優先課題は以下のものである。フランスの海外活動の評価、ヨーロッパの開発政策との協力（二〇〇九年ＡＰＤの援助の二三％はＥＵのルート）、地方と都市の開発援助についての戦略（都市開発の技術的な手法を脱した、総括的な開発）、対外視聴覚分野の発展（あらゆる媒体への登場、コンテンツを適応させること）などである。

知的交流を伴う科学協力もフランスが文化外交の手段として注目する分野である。いまや科学と外交の発展は相互依存関係にある。

第六に、文化外交は開発援助とも関連性を持つ。世界の公共財、成長の質、脅威を抱えた世界での人間的な開発、ＥＵによる共同統治（Ｇ20）、アクターも文化外交の対象となる。「白書：開発協力の枠組みとなる文書」では、その優先地域として、サハラ以南のアフリカ、地中海諸国、新興国、脆弱国を挙げる。フランスは二〇一五年までの国連の「開発のための千年目標（ＯＭＤ）」実現へ決意を表明している。ＥＵも「緑の書（共通環境政策）」を発表しているがフランスはこれらとも協力する。

第七に、国際デジタル空間でのフランスの存在感の拡大がある。デジタル技術の発展は影響力拡大のための外交の主要な道具である。デジタル美術館の発展やさまざまな分野でのデジタル化をフランスは進めている。それはフランスの価値観＝文化の伝達のための手段でもある。

第八として、対外文化活動の核心にある創造性の育成がある。グローバル化の中で芸術的・文化的成果物が画一化していく傾向に対抗して、創作性や批評的思考の実践、学識の獲得と交換、他者との関係は、対外文化政策の基本方針である。

第九として海外へのフランス語の普及・教育活動がある。「フランス語圏国際組織（ＯＩＦ）」と「フランス語圏大学庁（ＡＵＦ）」（＝フランス語圏の家（二〇一〇年以後））の二つがその中心的推進期間である。他方で、海外でのフランス語普及活動を担ってきたアリアンス・フランセーズを統括することもフランス院の主要な任務と位置づけられている。

# 第二章　日本文化外交の射程

## ——日仏交流一五〇周年で花開いた文化外交

## 第一節　日本伝統文化芸術の祭典

日本外交における文化の占める役割は次第に大きくなっている。冷戦終結後、世界は軍事力で国際紛争を解決することから、平和的問題解決の方向へと発想の転換が急速に進んだ。特に先進社会の間ではそうした傾向が顕著である。国際政治学でドイルなどが「民主主義国同士は互いに戦争しない」という民主的平和派のテーゼを提唱し、一躍人気を博したが、それは冷戦後の米欧関係などを想定した認識であった。改めて言うまでもなく、実際には世界の各地で紛争は絶えない。事態はそんなに簡単に表現できるものではないのだが、冷戦構造を前提に、熱核戦争の脅威を念頭に置いた国際認識の時代が次第に変化しているのは現実である。軍事的重要性の相対的低下である。

後に詳しく述べるが、文化とは突き詰めていくと思考・行動様式などに代表される価値体系である。そして文化外交とは価値の海外への伝達ということになる。問題はそのための国際環境が整っているのかということである。その意味では今の日本はきわめて条件の良い環境にあると言ってよい。筆者はフランスで日本政府の広報文化活動に携わるうちにそのことを痛感した。この好条件を大いに利用すべきである。それが本書の核心である。

同時に文化外交にこめられるべきメッセージと伝えたい意思がどれだけあるのか。この点については、改めて考えてみる必要があろう。つまり、「外交」と称する以上、そこには国家の利益とそれを実現するための意思が不可欠だからである。しかし、理念や原理的な議論をする前に、文化外交の現状をみてみると、実際には頭で考えたり原理原則では上手くいかない部分も多い。営利・非営利目的がさまざまに錯綜し、不特定多数の人が関わりをもちながら定めやらぬ方向の中で模索しているのが外交広報活動であり、文化外交である。

## お金なしでどうするのか

筆者が在仏日本大使館の広報文化担当に就任した二〇〇八年という年は、日本がアメリカ・イギリス・フランス・ロシア・オランダの五か国と安政の通商条約締結後一五〇年を迎えた年であった。日英一五〇周年記念事業とブラジル移民一〇〇周年記念事業には政府も予算を計上し、両国で大々的に行事が繰り広げられた。

日仏両国でも在仏大使館に登録された事業だけで年間七五八件を数えるほどの一五〇周年記念企画が実施された。在日フランス大使館に登録された日本での事業を加えると、両国で一二〇〇を越える企画が華やかに催された。連日どこかで展覧会のオープニングや記念の式典があり、あちこちで「乾杯」の発声が行われたのである。パリの地下鉄や街路を日本の浮世絵や着物のポスターがこれほど賑わした年もなかったのではなかろうか。

この日仏一五〇周年記念事業は親日派のシラク元大統領の発言がきっかけになったという。飯村豊駐仏大使（二〇〇六〜〇九年）が着任の表敬訪問に出向いた折に、シラク大統領の方から一五〇周年の話を切り出したという。日本通で鳴らしたシラクは、一九九五年の大統領就任前に、すでに四三回も来日していたと言われる。アジアに造詣が深いシラクとしては何か思うところがあったのであろう。

同大使は、シラクの提案に前向きに対応した。しかし最大の問題は資金であった。前述のように、政府はその年の予算措置を伴う「周年事業」として、ブラジルとイギリスとの交流企画を選んだからである。日仏関係事業に基本的には予算は付かなかった。

大使館幹部もみんなで知恵を出し合ったが、ないものはない。パリにはフランスに進出している日本企業の団体である在仏日本商工会議所がある。歴代の会頭は旧財閥系・旧官制企業の現地代表が就任する。アーティストなどに予算の相談に来られたときに、問い合わせ機関として大使館が紹介できる日本の関連団体はきわめて限られていたが、日本商工会議所もその一つであった。

筆者の在任期間（二〇〇八～一〇年）はきわめて日本経済が厳しい時期であり、加えて円安、ユーロ高が続いた。この時期、メセナ（企業の文化・芸術支援）が可能だった企業は限られていた。

在仏日本商工会議所、日仏経済交流委員会、在仏日本人会などの代表やいくつかの企業の代表と大使館幹部が何度か集まり、一五〇周年事業実現に向けて話し合った。結局、「失われた一〇年」とも「失われた二〇年」とも呼ばれる日本経済が停滞的安定を示しているこの時期、政府も民間も多額の出資をするところは少ない。民間企画者の自力に頼るしかない、というのが結論であった。大使からの協力要請の手紙を各方面に発送し、イベント開催を大使館に登録をしてもらうと同時に、一五〇周年記念事業のロゴ・マークの掲載を許可することにした。

大使館でできることは、「在仏日本大使館公認」（正式には日本政府公認・外務省公認とも違うが、一般には「日本政府」＝「お上」の公認ということになる）という形で権威付けすることが精一杯である。「箔付け」にはなる。

こうして始まった日仏一五〇周年事業であったが、文化外交とは何か。論より証拠、まずは現場での活動をみてみよう。それが社会の多面的な領域をカバーしたものであることがよくわかるであろう。

## パリの空に舞う「こいのぼり」

着任から一〇日が過ぎた土曜日の午後、筆者はパリ日仏文化センターでの子供の日に因んだ「こいのぼり」の祭典に出席した。このセンターは滞仏歴三〇年を超える篤志家、服部祐子氏が一九九三年に私財を投じて始めた民間の友好団体の文化交流センターである。

そのモットーは日常生活に根ざす等身大の日仏文化交流を目指すことである。つまり、より庶民的なレベルと規模での日仏間の交流を目的としている。パリ東部、民衆が集まり、フランス革命の発火点ともなったバスティーユ広場のある十一区にこのセンターがあるということも、その設立の趣旨を象徴している。この界隈は大革命以後、職人街として栄え、パリの下町として庶民的活気にあふれている。

このセンターはこれまでに日本文化講座、音楽、演劇、ダンス公演、展覧会企画など多様な文化活動、また日本語・書道教室などを開催してきた。建物自体もパリには珍しい木造建築で、日本的な佇まいの内装である。事務所、日本語・茶道教室、多目的ホールを擁し、パリにおける日仏文化交流の貴重な中心の一つである。

服部氏は二〇〇〇年からユネスコとの共催で、五月五日の日本の端午の節句に因んで「世界子供の日」を立ち上げたのである。ユネスコの後押しは、当時影響力の大きかった松浦晃一郎事務局長によるところ大であった。その当時はパリに本部のあるユネスコ本部でも、日本人が大いにその存在感を示すことができた時代であった。服部氏は毎年この時期に日本から運び込んだこいのぼりを、所狭しとセンター中にぶら下げる。

## 浮世絵・伝統美術工芸

代表的な日本の展示会でまず間違いなく、高い集客力を記録するのが「浮世絵」展である。パリのギメ東洋美術館の「北斎展」とセルヌスキー美術館で開催された出光美術館の「浮世絵展」は日仏一五〇周年事業の中でも最も大きなものであり、いずれも大成功だった。

ギメ東洋美術館は、リヨン出身の実業家エミール・ギメ（一八三六〜一九一八）が古代エジプト、古代ギリシャ・ローマ、アジア諸国に関する宗教博物館の設立を着想したことに始まる。ギメは日本、中国、インドなどを訪問した後一八七九年から、世界各地で収集した貴重なコレクションをリヨンで一般公開し始めたが、一八八九年にはそれらのコレクションを、ギメがパリに建造したこの美術館で公開するようになった。ギメはその後も中央アジア、中国、インド、クメールなどに遠征隊を派遣し、美術品の収集を進め、この美術館は今日ヨーロッパ最大の東洋美術館と言われている。別館には、日本の仏像が多数所蔵されており、庭には茶室もある。

ちなみに、故平山郁夫画伯が世界に羽ばたくきっかけとなったのもこの美術館での展覧会であった。当時日本画の海外での個展は稀少であったが、九一年の同画伯の展覧会は大成功だった。世界平和の実現をモチーフにした、悠久のシルクロードの幻想的な絵画は、洋の東西を問わず受け入れられ、同画伯の平和のメッセージを否応なくフランスの人々に伝えたのであろう。

このギメ美術館で行われた「北斎展」は連日長蛇の列、大入り満員であった。五月から二か月半の間多くの来客を喜ばせた。初日から大勢の人が集まり、来場者の列が美術館を取り巻いた。目玉は、会場の奥に本来の対の形で飾られた、美術館所蔵の「龍図」と太田記念美術館所蔵の「虎図（雨中の虎）」の巻物二幅だった。伝説的なこの二つの作品が、こうして並べられるのは初めてであった。ギメ美術館にはおよそ一三〇点の北斎が収蔵されていると言われる。

北斎はヨーロッパでは「マンガの父」としても有名である。庶民的な「北斎漫画」を高尚な芸術であると考える人はまずいないであろう。しかし浮世絵の人気はヨーロッパでは格別である。特にヨーロッパ最大の東洋美術館であるギメ美術館の展覧会は有力日刊紙『ル・モンド』紙や『フィガロ』紙でも大々的に取り上げられ、盛況を博した。同美術館は二〇一〇年夏には侍・僧侶・忍者らの浮世絵を中心とする「歴史マンガ展」、二〇一一年五月から九月にかけては日本学者ベルナール・フランクが収集した「お札《ふだ》」の展覧会、翌年春には現代書道家展などを行ってきたが、二〇一二年から一三年にかけての冬にはこの四年間で三度目の「北斎展」が実施され、好評のために会期は延長された。

二〇〇八年秋には、パリ市内のやはりアジア美術品が多く収集されているセルヌスキー美術館で、出光美術館所蔵の「浮世絵展」が開催され、そこにはシラク元大統領もわざわざ駆けつけた。また同年にはフランス国立図書館でも大浮世絵展が開催された。これは同図書館に所蔵される作品を中心に開催された。俗称「日本人街」と呼ばれるオペラ座付近の日本食レストラン街の端に位置する、この著名な図書館は意外なことにたくさんの浮世絵を所蔵している。近年外国に移り住んだ収集家から購入したものが展示品のかなりの部分を占めていた。学芸員はかなり高額の買取価格を筆者に教えてくれた。一九世紀から二〇世紀にかけて、美術商の林忠正が日本で買い漁った浮世絵をパリで売りまくった話は伝説だが、改めてこの世界の歴史と奥深さを見る思いだった。

フランスの美術関連の展示会では、趣向のレベルが一般的に高いのにはいつも驚かされた。七月初めには、ノルマンディー地方マンシュ県のラ・シャペル・ユレという人口一三〇人足らずの地方の小さな自治体（村）に出かけたことがあった。小さな催しであったが、この地方に大物の政治家がいたので、大使館からも儀礼的に人を送り込んだ方がよいということから、筆者が出て行った。

その小さな自治体では「芸術の出会い」と称した日本芸術展覧会が開催されたが、そこにはアンジェ美術館所蔵の三〇枚ほどの浮世絵が飾られており、人気を博していた。公民館のようなところが会場だったが、その方面での受賞の肩書を持つ新進気鋭の日本人作家の切り絵やビードロ細工がきちんと飾られており、規模は小さくとも水準の高い企画に感心させられた。フランスで活躍する有名な書道家も参加していた。地方自治体のこの種の企画は数多いが、地方であっても、フランス人の審美眼は鋭い。フランスで芸術展を企画する日本人の数が増えているのは確かだが、文化交流の重要なポイントとして「ホンモノ」であることは不可欠である。

## 文化とビジネスの接点――①着物

ブーローニュの森の一角にあるバガテル公園での「着物展」やヴァンセンヌの森で行われた「鹿沼さつき盆栽展」なども大成功だった。

バガテル公園内のお城や館の中で、所狭しとあらゆる種類の着物が展示された。この着物展は東京の文化服装学院が総力を挙げた企画であった。パリコレの常連だったコシノジュンコさんもご本人のデザインの作品をいくつも持ち込んでいた。展示の着物は多岐にわたったが、一九世紀末から二〇世紀はじめにかけての品々が多かった。二〇世紀初めのころの着物は保存状態も良く、色彩や柄もさまざまで、見るものの目を楽しませる作品が多かった。また単に展示物としてだけではなく、結婚式、祝いの席の着物、訪問着、普段着などさまざまな用途の作品を何種類も色鮮やかにならべ、着物を通して日本の社会生活が理解できるような、いわば着物文化を紹介しようとするコンセプトが明らかであった。

このバガテル公園の歴史は古く、マリー・アントワネットの義兄アルトワ伯爵（第二次王政復古のシャルル一〇世）が一七七五年にシメイ王子から一七二〇年築造の建物を含む、ブーローニュの森の一角の土地を獲得したのがきっかけとなった。当時ブーローニュの森は自由で放埒な場所として知られ、そこからバガテル（「取るに足りないもの」の意）という名称となったと言われている。ゲランの同名の香水もある。この公園と瀟洒で小さなお城はマリー・アントワネットとアルトワ伯が賭けをして、わずか六四日で増築させたと伝えられている。

厳格なフランス風庭園様式やロココ様式を基礎に、当時流行であった英国式と中国風の趣を反映しており、実際に中国から持ってこられたパゴダ（仏塔）が庭園には設置されている。革命後も残存し、オランジェリー（オレンジ室内園）などが付設された。

この庭園は世界的に名高いバラ園であり、ここのコンテストで入賞することは、世界のバラ造り園芸家にとって一流の証としての勲章を手にすることを意味する。所蔵品種は一二〇〇種類と言われる。

静岡県伊豆半島の河津市にあるバラ園、「河津バガテル公園」の名前はこのパリのバガテル公園からとったもので、バガテル公園の造園家やバラ栽培専門家を迎えて、日仏の協力の下にこの公園は設立された。河津市も市長以下、地元が一体となってこの方面での発展に力を入れている。このような交流はいろいろな意味を持っている。地域振興策の一環でもあるが、両国のエコロジー活動の活性化にもつながる交流である。長期的な国際交流の動機付けとしての普遍性がしっかりと共有されている例でもある。美しい自然に対する憧憬は普遍であり、それを維持し、増やしたいという気持ちを否定する人はいないであろう。しかもそれは世界の美意識のリーダーであるパリのブーローニュの公園と結び付いている。「バガテル公園」の事例は成功の条件が整っていた。こうした分野でのフランスの国際的なアピール力とセンスには感心させられる。

公園での「着物展」のオープニングのセレモニーは、このオランジェリーを会場にして開かれた。一〇〇〇人ほどの出席者で身動きが取れないほど室内はいっぱいになった。緑地担当パリ市助役と日本大使の挨拶、そして鏡割りで開幕したこの展覧会は大変な人気であった。パリ市も力を入れて、パリの街角のいたるところの市営広告スクリーンの画面に、この展覧会のポスターの着物の写真が流れた。パリっ子はこの期間、街頭でいやでも着物の写真を眺めざるを得ないことになった。日本の存在観は少なくともパリでこの期間大きかったことは確かである。人ごみで息苦しいオランジェリーの室内を逃れて外に出ると、心地よい季節の始まった五月、バラにはまだ早い薄暮のバガテル公園は夕映えの中で美しく眼前に広がっていた。文字通り、東西文化交流の最前線に立った気分だった。

同じ年の一〇月には、博多織・久留米絣のファッションショーと着物展が、パリの最高級ホテルの一つホテル・ムーリスで開かれた。もはや着物は海外輸出に頼る部分が大きくなっており、しかも着物生地を素材にした洋服仕立がかなり普及している。そうした状況を反映してか、若い女性のモデルは伝統的な着物を着てシャナリと歩くのではなく、着物生地で縫製された現代風の衣装をまとい颯爽と闊歩した。まばゆいシャンデリアの光の空間に日本の伝統芸が輝いたひと時だった。

### 文化とビジネスの接点——②盆栽展

五月末、今度はパリの東郊外にあるヴァンセンヌの森のパリ花公園内のパビリオン一八を会場に「鹿沼さつき盆栽展」が行われた。五〇点の盆栽作品が鹿沼から持ってこられ、盆栽教室も実施された。五万二〇〇〇人もの人が集まった。ヨーロッパでは盆栽（bonsai）は大変な人気で、盆栽に関する雑誌も多く発行されている。二〇〇〇年もの、三〇〇〇年ものの盆栽なども日本から運ばれてきており、収集家にとって垂涎の的となっていた。パリ開催の前に、すでにベルギーでも同じ展覧会が行われ好評を博していた。

盛況で何よりだったのだが、途中から困った問題が起こってしまった。それぞれの盆栽は大変高額であるが、その出品カタログが出回り、すでに売買契約が一部成立しているというのである。職人さんたちからすれば、これは大変名誉なことである。自分たちの手塩にかけた作品に高値がつくということは嬉しいに違いない。しかし場所が問題だった。ヴァンセンヌの森にある、この花公園は公営会場であり、パリ市から非営利目的を条件に借りていたためだ。事態を受けて、主催者と話し合った結果、契約の履行はパリで行われるということで事なきを得た。

似たようなことは、一五〇周年記念事業の登録受付の際にも何件か問題になった。記念事業の名の下にイベントを提案しているのだが、その趣意書をよく見るとどうもフランス国内のある地域のワインの販売のようであった。ワインのセット購入申込書のようなものがパンフレットに付いている。文化行事と利益行為の線引きは難しい。お金がなければ行事はできない。文化的な行事は人を惹きつける魅力を持っている。そうすると、人が集まり、何らかの付加価値が生まれる。あるいはそれを狙いとする文化行事が企画される。それを頭から否定することはできない。前述のようなトラブルが起こりがちとなる。

他方で、純粋に文化的なイベントというのは知的レベルは高いのであるが、その分理解する側も高度の専門性を必要とする。結局集客が限られることになり、人もお金もつかない。この悪循環を繰り返す結果となりやすいのも文化行事の特徴である。それを避けるためにも公共機関からの強い支援が必要なのである。文化ビジネスと公共支援の文化行事の間の深い溝はどうしたら埋められるのか。それは永遠の問いであろう。

ちなみに一連のパリ市の公園を会場とする企画でいつも会ったのは女性のパリ市助役であった。パリ市には助役が三六人いるが、彼女は「緑地担当」である。きめ細やかなフランスの文化産業振興・環境保護政策が結合する最先端の部分を彼女は担っているのである。

### 禅と日本文化の普及

二〇〇八年秋の二つの大きな目玉行事は、プティ・パレ美術館の「ZEN（金閣寺・銀閣寺名宝展）」とギメ美術館の金毘羅展「こんぴらさん　海の聖域展」であった。大使館ではこの時期を日仏一五〇周年記念のピークとして位置づけて周年行事全体を盛り上げたいと考えていた。

前者は正式には、「Shokoku Ji, pavillon d'or, pavillon d'argent. Zen et art à Kyoto（相国寺金閣　銀閣名宝展─京都における禅と美術─）展」である。パリ市・京都市の姉妹都市五〇周年記念に合わせた行事で、国宝四点、重要文化財六点を含む、約一〇〇点にも及ぶ名宝の数々が大好評を博し、四万人の来場者を記録した。野々村仁清「柿袖瓢抜色絵松竹梅茶碗」、円山応挙「牡丹孔雀図」（重文）、伊藤若冲「龍図」「釈迦三尊像」、金閣寺屋根の「鳳凰」像（室町時代）、「無学祖元墨蹟　与長楽寺──翁偈御」（国宝）、そのほか銀閣寺の国宝級の仏像や調度・美術品、千利休の茶道具などの展示が行われた。それは作品の数からしても、この規模での初めての海外での展覧会という意味からしても必見のイベントであった。

同時期に、さまざまな日本伝統文化のデモンストレーションなども合わせて行われ、パリっ子のひとしきり話題となった。茶道としては、裏千家大宗匠と武者小路千家の若宗匠がお点前を披露、華道は銀閣寺を本山とする無雙真古流の実演、香道は志野流香道家蜂谷宗苾若宗匠、さらに宮田まゆみ氏の笙《しょう》の演奏、大門四郎氏が荒井靖水氏の琵琶演奏を交えて前衛舞踏を披露した。黒澤明が映画のシーンを描いた絵コンテ展も同時に開催された。京都商工会議所とパリ市が企画したシンポジウムでは、筆者の旧友の村山裕三同志社大学教授の「京のものづくり」についての講演が好評であった。

展覧会オープニングの日の昼下がりには、有馬頼底猊下らの唱名《しょうみょう》の声がプティ・パレ美術館の数十メートルもある大理石の円柱の回廊に響き渡り、千玄室師による献茶の儀式が厳かに行われた。西洋建築の空間の中で、日本の伝統文化が、パリの明るい日差しを通して協和音を響かせた瞬間でもあった。献茶式の後には、裏千家の方々が着物姿でお点前を披露した。たくさんの人がその和洋折衷の名状しがたい雰囲気の中で、大きな感動を共有したに違いない。日本文化の味わいを改めて認識した瞬間であった。

このプティ・パレ美術館の館長は歴史学者でもあるジル・シャザル氏が務めていた。日ごろ観客動員数の減少に悩む、シャザル館長であったが、この日ばかりは破顔が止まらない様子であった。パリといえども美術館はどこも動員数を減らして悩んでいる。ギメ美術館やプティ・パレ美術館のような有名な美術館でも事情は同じである。特にシャザル館長は、地味でも思索的内容のある展覧会をやりたがっていた。わたしが離任間近に訊ねて行くと、今度は高野山の展覧会をやりたいのだが、なかなかフランスの全国美術館協会の許可が下りないので地元に開催希望の書状を書いてもらうことはできないだろうか、という要請があった。大きな美術館の作品展示やその取り扱いの権利を持つ、この全国美術館協会の展示会開催の基準はとても厳しい。別途、やはり京都からの伝で、モネの「睡蓮」で有名なオランジェリー美術館に問い合わせて、「睡蓮」の写真画像を京都駅のスクリーンに壁絵のように写したいという問い合わせもあった。

離任前にシャザル氏に挨拶に行った日、プティ・パレには再び長蛇の列ができていた。先年他界したイヴ・サン・ローランのモード・デザイン展が開催されていた。一巡りしてみたが、息を呑むほどの規模と斬新な展示会であった。一番広い会場の低いステップがいくつかあるステージには、二〇〇体ほどの女性マネキンが実物のモデルのように嫣然と立ちならびポーズをとっていた。あるときシャザル氏に聞いたことがある。「一体どんな趣向の企画が集客力があるのか」と。シャザル氏は半ば苦笑気味に、「派手で、ダイナミックで、分かりやすいもの」と答えた。たしかに、それは必ずしもシャザル館長自身の趣味ではなかったのかもしれないが、この企画はその条件を満たしていた。モードを見るだけでも楽しいのに、華やかかつ上品で心地よい艶かしさが会場全体を優しく包み込んでいた。これを拒みきれる人はいない。

一方、ギメ美術館の金毘羅展では、金刀比羅宮の円山応挙の虎を描いたふすま絵や金箔の茶室が丸ごとパリのギメ美術館に運ばれ、展示会場に所狭しと鮮やかな空間を創出させたいずれも日本でも容易に見られない重要文化財であり、海外で金刀比羅宮の特別展が行われるのは初めてである。この「こんぴらさん　海の聖域展」で展示されたのは、重要文化財に指定されている円山応挙の「遊虎図」や、伊藤若冲の「花丸図」など一二七点。金刀比羅宮の雰囲気をできるだけ忠実に伝えるため、書院を再現したり、ふすま絵の足元に畳表を配するなどの工夫が施された。これも連日大入り満員の賑わいであった。ふすま絵が展示室に並んだ風景は壮観であった。

禅宗関係では、大徳寺がコーラスとしての読経（唱名《しょうみょう》）の普及を通して新境地を開拓し、日本文化の国際化に貢献している。二〇〇九年七月、筆者も南仏プロヴァンス地方ヴァール県のトロネ修道院でのコンサートに招待されたことがある。この修道院は「プロヴァンスの三姉妹」と呼ばれるシトー派修道院の一つで（残りの二つはセナンクとジルブァカンヌの修道院である）、一二世紀末に建造されたと言われる。ここで、臨済宗大徳寺派大本山塔頭の一つである養徳院住職（当時総務長）神波東嶽住職や山田宗正真珠庵住職らの唱名に加えて、尺八、サヌカイト（讃岐で取れた石）による世界的に有名なパーカッショニスト・ツトム・ヤマシタ氏の演奏とのコラボレーションが披露された。南仏の夏は夜が長く、コンサートの開始時はまだ明るい。次第に薄暮に変わる真夏の地中海の修道院の中で厳かに読経の声と楽器の音が共鳴する。幻想的な宵の一刻であった。演奏会が終了して寺院の外に出たわれわれを迎えたのは、薄暮から闇に変わろうとする南仏の空にきらめく満天の星であった。

同じ趣向のコンサートはパリのレアール（旧市場跡）の近くにある、一七世紀に建立されたサント・ウスターシュ教会でも行われた。ルイ一四世が聖体拝領した教会として有名で、リシュリュー宰相やポンパドール夫人が洗礼を受けた教会でもある。八〇〇人もの人々が集い、由緒あるカトリックの寺院でコラボレーションが行われた。

この企画は笹川日仏財団がスポンサーとなってその数年前から進めていたが、二〇一一年にはギメ東洋美術館でも実施された。今後一〇年に及ぶシリーズもののコラボレーションとなる予定であるという。

## 狂言・能舞台

二〇〇八年六月末にはフランス銀行の「黄金の間」で狂言が行われた。日・仏両中央銀行総裁が同席する前で、荘厳な壁絵とフレスコ画（天井画）の描かれた一七世紀の金箔の回廊に茂山七五三と逸平親子二代の狂言師の言葉が鼓の音とともにリズミカルに響いた夜半の一幕は圧巻であった。日ごろは記者会見やコンサートなどの企画が行われる長い回廊のようなホールに一メートルぐらいの高さの舞台を作り、そこで狂言が行われたのである。能舞台とは異なった趣だが、声はよく通る。佳境に入ると、踏み足に力もこもる。特設の舞台が割れんばかりの激しい興奮がまばゆい黄金の間に満ち渡った。

同じく茂山狂言師の舞台が、それからわずか三か月後にパリで再現した。「茂山花形狂言」と題してパリ市・京都市姉妹都市提携五〇年・京都商工会議所―パリ商工会議所友好協定二〇周年記念行事と日仏一五〇周年行事が重なったイベントであった。当初主催者はパリで薪能ができないかという提案をして来たが、安全保障上の問題から適当な会場が見つからなかったという事情もあった。

若手能楽師が企画する新しい形の狂言としてパリ市初公演と名打って、「三番叟」、「二人袴」、「濯ぎ川」などが演じられた、場所は、「エスパス・ピエール・カルダン」。パリの中心コンコルド広場からエリゼ宮（大統領府）に向かって少し歩いたところにある日本びいきのカルダン氏保有の劇場である。日本大使公邸の庭側の出口に面したガブリエル通りにあり、公邸とは斜向かいの位置である。この二つ目の狂言も大成功であった。

カルダン氏はデザイナーとして二〇世紀を風靡した人物であるが、一九二二年生まれであるから、当時すでに九〇歳近くであったはずである。サントノレ通りにあるオフィスには、近くのアパートから元気に毎日、徒歩で通ってくる。かくしゃくとして歩くのである。日本には映画監督の黒澤明はじめ多くの知己を持つ。ざっくばらんな方でできぱきとたくさんのアポを毎日こなす。自宅のアパート内部はさながら美術館で、世界中の調度や絵画が飾ってある（これはデザイナーのケンゾー氏のパリのアパートも同じだった）。ただ、立派な日本絵画や鎧などのメンテナンスは必ずしも十分ではない。鑑識眼は高いのであろうが、物質面では無頓着な、根からの芸術家タイプの人なのであろう。

京都のエージェントが単独でカルダン氏と交渉したら、意外にもこの劇場の提供に合意してくれたという。カルダン氏は筆者にも「劇場ならすぐ提供できるから使ってくれるように」とよく言われた。「お金だけを直接出すことはしないよ。わたしはビジネスをする人間だからね」と、ポリシーは明確だった。

狂言だけでなく、能楽も人気があった。二〇〇八年一〇月末にはフランスの伝統的な壮行な建築の劇場である、オデオン座での現代的趣向をこらした演出による梅若流の能公演「源氏物語千年紀」が行われた。チケットは即日完売と聞いた。

## 茶道・華道・香道・書道

茶道・華道・香道などのデモンストレーションは各所で行われたが、生け花インターナショナルの世界大会もその年はパリで実施された。二〇〇八年一〇月中旬に一五区のパリ左岸にある元日航ホテル、現NOVOTELの大ホールで数々の大ぶりの作品が披露された。池坊由紀会長が和服姿で大使館関係者、フランスや世界から集まった華道家に挨拶している姿は、文字通り日本の伝統を守り世界に発展させる姿を体現していた。この年の五月には、パリ郊外、ジスカール・デスタン大統領時代の一九七四年に最初の先進国首脳会議が行われた古城のあるランヴィエ市のホテルで、パリ地区の生け花インターナショナルの展示会が盛大に行われた。地元に住む日本人も多く、それぞれ師範として活躍している。日本文化普及の最前線にはこうした在留邦人がたくさんいる。特に華道・茶道はそうした人たち、特に日本女性に支えられている。

茶道は裏千家が一大勢力である。パリには裏千家の出張所があり、ヨーロッパ全体の企画の中心になっている。筆者も地方行事などでの茶道のデモンストレーションの相談を受けたときには、しばしば紹介させてもらった。パリでは日本文化会館やアルベール・カーン美術館の庭園で定期的に講習を行っている。表千家も数は少ないが、活躍しており、ユネスコ本部での日本関連の行事にはデモンストレーションを行っていた。茶道の式典で興味深かったのは、薮内流によって行われた一風変わった献茶式であった。パリ郊外サルコジ前大統領の地盤のアルベール・カーン美術館で創立者のカーン自身に対する献茶式であった。薮内流の若宗匠ら五〇人ほどが来仏した。

このアルベール・カーン美術館は親日フランス人旅行家の富豪に因んだ美術館である。カーンは当時としては大変な重量の貴重品であったであろう、八ミリ映像録画機器一式と写真機を持って大正末期に来日、膨大な映像をフランスに持ち帰っている。皇室に伝手があったようで、大正天皇の葬儀の様子の一部始終が映写された動画が保存されている。日本史を語る上での貴重な資料館でもある。最近では、幕末明治にフランスと縁があり、日本の資本主義の創始者でもある渋沢栄一を記念した渋沢財団と交流が活発で、二〇一〇年三月には東京都の北区飛鳥山公園内同財団展示館でカーン記念展示会が行われている。

筆者の旧知の前館長のボーベルチエ氏は経済学者で、一橋大学に留学していた経験もあった。この美術館の庭園には木造の日本建築の家屋が二棟、日本式の回遊庭園があり、茶室もある。日本庭園と隣り合わせには広い英国式の花壇があり、その端には大きな温室がある。このフランス風温室は、吹き抜けの四階建てのガラス張りの屋敷のようなものである。その入り口の中央に祭壇を設置して、そこにカーンの本尊がまつられているという設定の献茶式であった。ある種日仏コラボレーションの趣向であった。日本からの派遣団の東京代表は菅直人元首相夫人、伸子さんであった。

香道は志野流若宗匠蜂谷宗苾氏がパリの文化会館などで講習を行っている。茶道・華道に比べると普及率は低いが、フランス人はこうした文化にも興味を示している。若宗匠は海外展開を通じて自ら香道の中興の役割を果たそうとしているかのようだった。

書道は今、フランスやヨーロッパで大流行である。そこここの画廊やちょっとした日本展でもデモンストレーションが行われる。師範の免許を持つまでいかなくとも、有段者の日本人がフランスにも多いことから、急速に普及している。ジャパン・エキスポでも書道（体験）のブースが出ている。マンガの描き方と並んで手ごろな日本文化である。

日本雅芸倶楽部を主宰する川邊りえこ氏のギメ東洋美術館オーディトリウムでのパフォーマンスは大いに工夫が凝《こ》らしてあった。ステージいっぱいに広げられた大判の和紙の上を、着物姿の川邊氏が墨をいっぱいに沁みこませた大筆を持って走り抜けるのである。着物に墨がかかるのをものともせずである。また神楽の踊りや紙ふぶきなど、日本的な神秘性や娯楽的要素も交えた分かりやすいデモンストレーションはフランス人の喝采を浴びた。

それ以外にも、伝統的な書道展が二〇〇八年だけでも何度も天理日仏文化協会主催のパリ・ベルタン・ポワレ文化センターのギャラリーで開催された。この文化センターはなかなか質の良い催しを提供している。フランスで最も古い日本語教育機関の一つとしても知られている。日本語図書の所蔵もかなりなもので、日本ファンの市民に愛好されている重要な文化機関である。一九七〇年代から活動している協会であるが、地下のホールでは人間国宝を含む陶器展、日本人絵画展、映画上映会などあらゆる展示会が行われている。

一定の年齢以上の日本人なら誰でも知っている「きいちのぬりえ」（昭和二〇年代から三〇年代に一月で一六〇万セットも販売したことがあるという蔦谷喜一のぬりえ）の展示パフォーマンスを東京町屋にある「ぬりえ美術館」（金子マサ館長）が主催したのもこのセンターであった。

### 日本武道は「旬」

さまざまな式典の中でも筆者が思い出深いのは、フランス柔道連盟の「鏡開き」である。この式典は毎年一月下旬にパリの柔道館で行われる。一八八四年に始まった「鏡開き」は、フランスでも一九六四年に年中行事化された。ルージュ現会長就任後、柔道だけではなく、空手、柔術、合気道、剣道、居合道、長刀、テコンドーなど他の武道連盟の模範演技も披露される。

会場に集まった三〇〇人ほどのフランス人黒帯柔道家たちは、戦後フランスで柔道を広め、仏代表チームの育ての親であり、六〇年以上の滞仏経験を持つ粟津正蔵師範には絶大な敬意を示す。師範は謙虚な立ち居振舞の方であるが、その控えめさがかえって場内では際立ってしまう。その人柄が柔道精神を体現していることを皆が知っているからである。

周知のようにフランス柔道人口は六〇万人で、世界一である。単なるスポーツとしてではなく、「道」として精神修養の場として理解されている。フランス人の理屈っぽい国民性はよく知られるところだが、その分、精神性や概念を通して物事を理解しようとする姿勢は強い。「ジャポニスム」がヨーロッパ、特にフランスで強い影響力を持った時期があったが、それも故なしとしない。フランス人は、微妙な味わいや奥行きの深さを感じとる繊細な感性を持っている。

剣道人口も好村兼一師範の長年の尽力によって、今では一万人に達している。もともとフランスはフェンシングなど剣競技の伝統がある。剣道のヨーロッパ選手権を観戦する機会もあったが、「チャンバラ」という競技がある。少し硬い布製の素材で作られた棒のようなもので、お互いの隙を突いて叩き合う競技である。わたしたち日本人にとっては、寄席やＴＶでお笑い芸人が相方の頭を引っぱたいて、芸に弾みをつけるときに使う小道具に似ていて、とても武道であるとは思えないのだが、女性や子供にとって反射神経を養う効果があり、剣道のイニシエーションになるという。

その他にもヨーロッパ支部長を務めるパリ在住の青坂寛師範によって少林寺拳法もかなり普及している。

二〇〇八年一〇月には、日本文化会館で大「武道祭」が実現した。柔剣道以外の少林寺拳法、居合道、長刀、合気道などの模範演技が行われ、親日家のラング元文化大臣なども臨席して盛大な催しとなった。最近は弓道もそこここで紹介され始めている。二〇一〇年同会館で四月から七月にかけて実施された「武道精神」展では日本刀・鎧兜を含む武具全般に時代劇・剣道のマンガなどの展示が行われ、多くのフランス人を魅了した。フランスでは今、「武道」は旬の日本の伝統文化と言ってもよい。

## 伝統文化と現代日本美術の接点

二〇〇八年五月末には、エトワール広場の一番内側の通りのチルジット通りの日本美術展覧会場「三越エトワール美術館」で「平山郁夫シルクロード展」が開催された。これもたくさんの人だかりで、全部で四五点の平山作品がパリに持ってこられた。平山画伯自身(東京芸大元学長、ユネスコ親善大使、日本美術院理事長)は残念なことに、パリ展の前の北京での同じ展覧会後に体調を崩されたというニュースが入ってきており、パリには来られなかった。そして一年も経たないうちに同画伯の訃報が伝わった。

平山画伯が初めて世界に出たのは案外遅く、先にも述べたように一九九一年にギメ美術館で初めて個展を開いたのがきっかけとなった。その東洋的な落ち着いた無限になだらかで豊かな、そして大きな構図の独特の世界は、見る人を遠く心地よい思索の世界に運んでくれる。

　平山画伯は一九六六年に初めてシルクロードを旅してから一三〇回にわたって同地を訪れたといわれる。薬師寺で同画伯の絵を見たことがあったが、奈良の山々の合間に夕日が溶けていくような画伯の一連の筆遣いは、パリに居てシルクロードの絵画を眺めても同じであった。広島での被爆体験を経て文化交流が世界平和への道だと確信し、日本の古都からはじまってシルクロードを通ってローマにたどり着く、一連の作品は東西文化の架け橋を目指した画伯の大きな志を力強く示していた。その目指すところは改めて言うまでもなく、日本外交の歴史的使命にも重なる。

　その年九月には、三越エトワール美術館で当時東京芸大副学長・日本美術院理事の田渕俊夫画伯の「今の瞬間と永遠」と題した展覧会が始まった。同展は「プロローグ」、「色彩に魅せられて」、「墨色に魅せられて」の三部構成で同画伯の大胆さと繊細さ、鮮やかな色彩のグラデーションとコントラスト、古都を題材としたものから現代的な題材まで多様な空間をパリっ子たちに披露した。筆者もオープニングの式典の挨拶をさせていただいたが、会場狭しとばかりに集まった日本美術ファンの数の多さには驚かされた。

　その他にも、同美術館では京都の森田りえ子画伯がこれも多彩な作品の数々を披露した。彼女は四季を彩る花々や京都の伝統文化を受け継ぐ舞妓たち、エキゾチックな女性像などを卓越した描写力で表現する日本画家である。金閣寺の秋田杉の一枚板に梅や花菖蒲など四季のイメージを描いた杉戸絵も披露された。これはダイナミックな画風の世界的な日本画の大家で、パリでも定期的に個展を開催する石踊達哉画伯とともに二人の画家が八枚ずつ描いた片側のものである。

心を打つ話が二〇〇八年には舞い込んできた。前年に一〇五歳で亡くなった織物作家・山口伊太郎氏が、死去するまで四〇年近く制作に取り組んだ西陣織の「源氏物語錦織絵巻」(全四巻)が翌年(二〇〇八年)三月三日にその遺志を引き継いだ織物職人たちによって完成した。この日に完成した第四巻は幅三三センチ、全長一〇メートルあまり。「柏木」「横笛」などの物語の場面を詞書《ことばがき》を交えて描いている。

西陣で織物制作を統括する「織屋」として活躍していた山口氏は一九七〇年から、国宝「源氏物語絵巻」(徳川美術館など所蔵)をモデルとして、職人一〇人と「源氏物語錦織絵巻」の制作を開始した。精密な絵巻を織物に仕上げるため工夫を重ね、三巻の完成までに三〇年以上かかった。山口氏は四巻目の試し織りを終えた直後の〇七年六月に亡くなったが、弟子の職人たちが制作を続けていった。この作品は同年、相国寺承天閣美術館で「山口伊太郎遺作源氏物語錦織絵巻展」として公開された後、パリのギメ美術館に寄贈された。それは見事なもので豪華絢爛と言う言葉にふさわしい作品だったが、話によると、一週間かけても数センチしか進まないこともあるような手のかかった繊細な仕事であるということだった。糸が何通りも折り重なって複雑で絢爛な絵模様を描き出している。

西陣織はフランスのジャガード織機の導入により、飛躍的に発展した歴史を持っており、この寄贈には西陣織の繁栄の背景にあるフランスからの協力に感謝する意味がこめられていた。作品は二セット作られているが、伊太郎氏は五セット製作して五大陸に寄贈する意思を持っていたという。

## さまざまな郷土伝統芸能――琉球舞踊、和太鼓

日仏一五〇周年記念行事の中には、地方芸能も多く行われた。阿波踊りなどは世界中に巡回公演を行っているようであるが、二〇〇八年二月には琉球舞踊館「うどい」の公演が大評判となった。琉球舞踊というのは、日舞に比べると動きがダイナミックで、西洋の人々にも分かりやすいのである。所作にはっきりと人の喜怒哀楽が表現され、音楽もリズミカルである。言葉は分からずとも、情緒は共有できるし、気持ちは高揚しやすい。

二〇〇四年にパリ日本大使館広報文化センターで琉球舞踊公演（「無憂華の会」山田多津子一行）が行われた実績はすでにあったが、一五〇周年記念行事として二〇〇八年十一月にはパリ日本文化会館で、玉城節子（玉城流「翔節会」）と高良和子（柳清本流「和華の会」）合同舞踊の公演が、安富祖流、光史流太鼓、興陽会箏曲とともに華やかに行われた。これは随分と盛り上がった。フランス人の観客も次第に手拍子をし、座席で所作を真似して踊り始めた。第一部は古典舞踊、第二部は創作で、「アンコール」の拍手と「ブラボー」の掛声が止まらず、予想外のカーテンコールに即興のカチャーシー（踊り）が披瀝された。これこそ舞踏家冥利に尽きるであろう。

沖縄の伝統芸能・音楽は他にもある。野村流三線《さんしん》（沖縄古楽器）の名手である沖縄県立芸術大学名誉教授喜瀬慎仁《きせしんじん》氏が二〇〇九年度文化庁文化交流使に任命され、パリやトゥールーズで公演を行った。

フランスでは沖縄はいろいろな意味で徐々に知名度を上げつつある。日本料理のブームにあやかってか、「ＯＫＩＮＡＷＡ」という名前のレストランでは郷土料理が出るようになり、自然豊か

な健康と長寿の地方としてテレビでも紹介される。二〇〇九年にはパリ外国人記者会館とシニアサロンにて、沖縄長寿研究所所長の鈴木信博士が講演された。同博士の話題はTV番組で取り上げられ、健康食品としての日本食やエコロジーと結び付いた視点から高く評価されていた。

和太鼓はそこここで人気である。大きさや叩き方、そして音色にさまざまなバリエーションがある。洋の東西を問わず誰もが楽しめる日本の大衆芸能の一つである。公式行事で手伝ってもらった、フランス甲南学園トゥレーヌ（甲南大学付属全寮制高校、トゥール市郊外）の和太鼓部の生徒たちは、いろいろな文化行事に参加することで、日本文化の交流に貢献していた。

ヨーロッパでプロフェッショナルなグループとしては、「鼓童」が中でもその第一人者を誇っている。二〇〇九年のパリ公演はパリ市立劇場で行われ、大成功であった。「鼓童」は大学紛争が激しかった時代、「佐渡の国、鬼太鼓座」として結成されたが、それは日本の民俗芸能・工芸を学ぶ場として「日本海大学」創設を佐渡が受け入れたのがきっかけだった。一九八一年に新たに「鼓童」として独立、佐渡南西部鼓童村を拠点として、現在ではメンバーは六〇名で、鼓童文化財団研修所、稽古場を持っており、三五〇〇人の賛助会員を要している。毎年のようにヨーロッパ公演を行っているが、フランスでの公演は一九九八年以来であった。その迫力はパリっ子の度肝を抜き、かつその技能の多様さと繊細さは彼らを魅了した。主催者も最近の和太鼓ブームを承知の上で、「本格的な和太鼓をフランスの皆さんに聞いてもらいたいと思って来ました」と語った。その顔には自負心と責任感に満ちた表情が浮かんだ。

## 日本文化フュージョンの時代

他方で、日本のイメージに新しい傾向が生まれつつあるのも事実である。日本に対するイメージは長い歴史を持つ伝統文化の国と同時に、経済・ハイテク大国としての近代化された社会というイメージがある。そして今、歴史・伝統と近代技術・先進社会の融合として、日本のイメージは海外で膨らみつつある。いわばフュージョンである。

伝統と実用性・近代性を日本的な調和を通して表現したイベントとしてパリの日本文化会館が企画した「Wa＝和――伝統と近代の調和展」があった。「Wa」では実用性の中に日本的な優しく、なだらかな形をした日常用具や機械製品が多数展示された。同様の趣旨のイベントとして、ケ・ブランリー美術館での「民藝展」、装飾美術館での「感性展」などがあった。「民藝展」では、柳宗悦をはじめとする伝統技術の上に実用性と機能性を兼ね備えた日本の工芸品の数々、「感性展」では「たたずまい」「しつらえる」「もてなし」など日本語表現によるコンセプトを説明したコーナーを設け、小道具・家具などの名工作品と同時にモダンな器具が広い展示空間にゆったりと並べられた。日本的な空間の使い方と「もの」へのアプローチを表現しようとしたものだった。これはＪＥＴＲＯが主催して実施したプログラムであったが、大変な人気であった。文字通り立錐の余地のないほどの集客量で、黒を色調とした会場のシックな雰囲気が民藝の日本的なコンセプトとマッチしていて、上品かつ豊かな空間を演出していた。

九月下旬には、照明デザイナー石井幹子《もとこ》・明理《あかり》母娘により、セーヌ川にかかる二五の橋の壁に日本の伝統的な絵画・国宝の写真などがライトアップされた。このプロジェクトは、セーヌ川にかかった橋や川の壁面に映し出された日本の美術品の画像を鑑賞しながら、セーヌ川の観光船バトー・ムーシュで優雅に食事を取りつつ、宵のひと時を過ごそうという、なんとも豪華な企画であった。

石井母娘両氏は照明デザイナーとして世界的に有名である。石井幹子氏は日本における建築や環境の照明デザインという新しい分野を確立し、都市照明からライトオブジェ、光のパフォーマンスなど幅広い活動をしている。東京タワー、東京湾レインボーブリッジ、明石海峡大橋、姫路城、白川郷、金龍山浅草寺、愛知万博、海外でもジェッダ迎賓館（サウジアラビア）、ノースウェスタン生命保険ビル（アメリカ）、パンパシフィックホテル（シンガポール）などの照明を手がけ、数々の賞を受けている。

夜半のセーヌに船から照明するということになると、いろいろな環境条件をクリアしなければならない。パリ市の国際交流担当の助役との交渉には筆者も一役買った思い出があった。

パリでは世界的な規模でのモーターショーが毎秋開催されるが、二〇〇八年十一月には紙材質の建築で世界的に有名でパリに事務所を構える建築家、坂茂《ばんしげる》氏による「ジャパン・カー」展が行われた。日本の自動車メーカー各社が協力して環境に優しいエコカー、高齢者や障害者が安全に運転できるように工夫されたハイテクカーなどが所狭しと並べられた。日本の高い技術と未来を見つめた日本人の日常生活に適合したコンセプトに基づいて設計された数々の自動車は、いずれも感心するものばかりであった。エコカー、省エネカーとともに、最先端技術を駆使した居住空間としての自動車そのものの日本社会での意味をどうとらえるのかという問いかけであった。日本人の存在感はやはりこうした緻密で日常的な分野でより輝いて見えるであろうと改めて感無量であった。

坂氏は、紙材質の簡易であるが強度の高い住宅建設でも有名である。災害復興地などでの簡易住宅・避難所の短時間での建築が可能であるからである。筆者が何度か訪れた、ご自身の事務所も当時はポンピドーセンターの屋上の蒲鉾兵舎のような形の建物であった。柱がなく、トイレットペーパーやプリンター用のインクロール芯と同じ紙材質を繋ぎ合わせてボルトとナットで固定した建築物である。坂氏は二〇一〇年にフランス北東部の都市メスに開館した「ポンピドー・センター・メス」の建築も手がけた。この新しい美術館は波を打ったような屋根が特徴で、この設計に坂氏自身多大の情熱をかけていたことを思い出す。こうしたフュージョンの一つとして、同じく日本文化会館で開催された国際交流基金による巡回展示企画である戦後日本の建築写真展もその一つであろう。

パリでは若手の新作日本映画も時々上映されるが、二〇〇八年で三回目を迎えた日本映画祭「Kinotayo（金の太陽）」は、前年の桃井かおりさんに引き続いて、この年には奥田瑛二監督を迎えて華やかに行われた。その作品の一つで出演者が全員英語で語り、源平合戦のパロディーに仕立て上げた「和製ウェスタン」『スキヤキ・ウェスタンジャンゴ』（三池崇史監督）は、一見無秩序のシナリオに見えてフランス人の若い層には受け入れられていた。もはや日本の伝統と近代のイメージが渾然一体となって、現実ではない、バーチャルな世界における特殊日本的イメージが世界で生まれようとしているように筆者の目には映った。ＤＶＤレンタルでも見られるが、主役が佐藤浩市と伊勢谷友介という今を盛りの二人の男優というのも象徴的であったし、日本の源平合戦がベースであるが、西部劇でもあり、最後はマカロニ・ウェスタンへのオマージュへと流れていく。ある意味で荒唐無稽でありながら、西部劇の歴史を語ってもいる。この映画祭では、このように日本的な日常文化を表現媒体として普遍的かつ時代に即した作品が選ばれる。翌年受賞した『休暇』(門井肇監督、西島秀俊、小林薫主演)も日本のなんでもない風景や慣習がたくさん出てくると同時に、「死刑」問題を扱っている。

フランス人にはフュージョンでの日本趣味は受けが良い。また日本特有の問題がそこに浮き彫りにされていると受けはもっと良い。

## 第二節　人の交流——知的交流と自治体交流

### 文学・翻訳を通した知的交流

パリには実に多くの人々がやって来る。人の交流、中でも知的交流は大変重要である。これは地味なようだが、継続的に続けることによって効果が生まれる分野である。外務省では知的交流といえばすぐに著名人などの海外派遣を考えることが多い。その種のものは見栄えが良くて、一つ仕事をしたような気になってとらえられるところがあるが、知的交流とは単に著名人の行き来ではない。かつて一九六〇年代にはサルトルやゴダールが訪日したことを契機に、一気に実存主義ブームやゴダール映画ブームが起こったが、価値観とメディアが多様化した今日、知識人の来日にそこまでのインパクトはなくなっている。まして日本の知識人は残念ながらまだまだ国際的水準とは程遠い。村上春樹氏ぐらいになれば別であるが、後はむしろ地道な交流を通して日本ファンを少しずつ増やしていく実務に徹した方がよい。これは筆者の持論である。

その村上春樹氏を招聘しようという話がフランスの政府機関から出てきた。ある日、全国図書センター（Centre National du Livre）の事務局長が筆者を昼食に招待したいと言ってきた。このセンターは文学活動、出版事業を奨励することを目的とする文化・コミュニケーション省管轄の行政公共機関（Etablissement public administratif）である。場所は彼のオフィスの側にある「図書カフェ(Café des livres)」。これはカフェの名称で、文字通り図書館のような場所で本に囲まれて食事をするのだ。彼の言うには、毎年同センター主催で「諸外国文学祭（Les belles étrangères）」、すなわちその年の招待国の著名な外国文学者を一〇数人ほど二週間招聘し、フランス全国で講演会やシンポジウムを開催する企画があり、日本の文学者を招待したいという提案であった。一九八七年から開始されている本事業の過去の招待国は、エジプト（九四年）、韓国（九五年）、スウェーデン（九五年）、カナダ（九六年）、パレスチナ（九七年）、中央アメリカ（九七年）、アルバニア（九八年）、チェコ（九九年）、ブルガリア（〇〇年）、スイス（〇一年）、インド（〇二年）、アルジェリア（〇三年）、ロシア（〇四年）、ルーマニア（〇五年）、ニュージーランド（〇六年）、レバノン（〇七年）。二〇〇八年は、サロン開催二〇周年を記念し、一〇か国から二〇名の作家を招待した。招待作家国は、アルバニア、オーストリア、カナダ、韓国、エジプト、グアテマラ、ニュージーランド、ポーランド、ポルトガル、トルコであった。

大使館からも強い支援の印として、文学者や有識者の委員会を設置し、招待作家の選定を行なった。何回か会合を開いて話を進めた。筆者の在任中に事務局長の交代などがあって延期となったが、二〇一二年か一三年に実現の運びとなっていた。

しかし実際にはこの企画は別の形をとって実現した。二〇一二年三月パリのサロン・ド・ヴェルサイユで開催された国際ブックフェア（Salon du Livre）で日本が招待国になったのである。日本はすでに一九九七年のときにも招待国となっているが、二〇一二年には、大江健三郎をはじめとして綿矢りさ、萩尾望都など多くの作家、漫画家なども招待され大変な賑わいとなった。前年二〇一一年の東日本大震災と福島の原発事故はフランスでも大きく報道され、それまで全国図書センターを中心に少しずつ準備されていた日本人文学者招待の企画は、一気に仏外務省レベルの案件となった。何とか日本を励ましたい、また日本人の生の声を聞きたいという機運が高まったのである。

第一章で述べた文化外交専門機関フランス院の事務局長で、事務方ナンバーワンのタルスジュリ氏にインタヴューする機会があった。彼女の前職は国際学生都市事務局長だったので筆者もよく知っていた。彼女によると外務省の方から直接にこの企画を持ち込まれ、全国図書センターとの協力によってとんとん拍子に話は進んでいったということであった。日本側が招待国とはいえ、予算は両国ほぼ折半というのが実情であったが、大きなイベントが政府がらみで成功した代表例でもあった。

フランス国内では、日本学研究者による日本文学に関する講演会・研究会は多く実施されていたものの、フランスの一般大衆に向けての日本文学紹介事業は最近まであまり多くなかった。近年では、日本現代文学作品の良質な仏語翻訳が数多く出版されている。

二〇〇七年には『源氏物語』がセリエ出版社から発行された。一二世紀から一七世紀にかけての巻物、挿絵、屏風絵、扇、掛け物などの源氏物語絵図五二〇点を掲載する豪華本で、その年には新聞やTVでも報道され、随分話題になった。

二〇〇九年の講談社主催の野間文芸翻訳賞はフランス語訳された作品であった。この賞は同社の創業八〇周年を記念して一九八九年に創設され、欧米・中・韓語などで多数の翻訳を表彰している。フランス語訳での受賞作品は、一九九一年『杏子』（古井由吉）・『羊をめぐる冒険』（村上春樹）、一九九八年『たった一人の反乱』（丸谷才一）・『夏の闇』（開高健）がこれまでの受賞作である。〇九年には『池袋ウエストゲートパーク』（石田衣良著、アンヌ・バヤール＝坂井訳）・『奇蹟』（中上健次著、ジャック・レヴィ訳）が受賞した。いずれの作品も筆者の好きなものであった。その年は当時副社長であった野間省伸氏も来仏し、大使公邸で盛大な受賞のレセプションが行われた。

日本臓器製薬の資本による財団法人小西国際交流財団は日仏翻訳文学賞を主催しており、毎年小西龍作社長が来仏し、大使公邸で授賞式を行う。二〇〇八年はスイス在住の僧籍を持つジェローム・デュコール氏が法然上人『選択集』の翻訳で受賞した。

フランスにおける日本文学翻訳熱は現在大変なブームである。ただし、まだ国家的な政策とは言いがたく、日仏コンテンツ・出版業界の独自の資本の論理の結果である。戦略的な道しるべのない発展は時代の流れに左右されがちで、結局不安定である。日本ブームが「ブーム」にとどまらず、フランス国民に本当の意味でどれだけ広い範囲に定着していくのか。今が正念場であると思う。

## 不十分な日本研究の発展と研究者交流

日仏交流一五〇周年記念事業の一環として国際学術会議に登録されている第八回フランス日本研究学会のシンポジウム「多元的視座から見た日本近代」は二〇〇八年一二月にリールで行われ、三日にわたって熱心な議論が展開された。このシンポジウムは、明治から今日に至るまでの長期間に及ぶ日本の近代化の流れを、文学から歴史・社会学に至るまで広範な領域をカバーしながら眺望するという野心的な試みであった。初日と三日目には日本からのゲストのスピーカーも呼ばれて大きな企画が行われたが、二日目は一般報告のさまざまな分野の分科会が企画され、延べ六〇人ものパネリストが立った。二〇〇人から三〇〇人の来場を見た大集会となった。

主催団体である「フランス日本研究学会（ＳＦＥＪ）」は、日本研究学会が母体となって一九九一年に再編されたフランスにおける日本学を代表する唯一の総合的な学術団体である。学術交流、テーマ開発、後進の育成、日本で活動している研究者との交流などを活動としており、国際交流基金からの資金援助を受けて運営されている。「フランス日本研究学会会報（年一回）」の発行、年次総会を開催するが、隔年で開催される本学会の国際大会は、フランスでの日本研究にとって必要不可欠な場となっている。会議録は *Japon Pluriel*（ジャポン・プリュリエル：複数の日本）と題して出版されている。

その他、日本研究の常設研究機関として、国立高等教育・研究機関のコレージュ・ド・フランスの中の高等日本研究所がある。コレージュ・ド・フランスは一五三〇年にフランソワ一世が創設した王立教授団が母体となっており、スコラ派の拠点となっていたソルボンヌのパリ大学に対抗して、自由な学問研究を進めるための機関として設立された。一八七〇年にコレージュ・ド・フランスとなった。試験や学位を授与することはせず、市民大学的な性格を持つ。教授陣はフランス学士院とコレージュ教授団によって推薦され、これまでにもポール・ヴァレリー、ロラン・バルト、ベルグソン、メルロ＝ポンティ、フーコー、ブローデル、リュシアン・フェーヴル、レヴィ・ストロース、ブルデュー、レイモン・アロンなど名立たる学者・知識人が教授を務めた。この名誉ある研究機関に日本研究所が存在する。かつて日本人に馴染み深く、在京日仏会館館長も勤めた故ベルナール・フランク教授が所長を勤めており、氏が日本で集めた「お札《ふだ》」のコレクション展はすでに述べたように二〇一一年にギメ美術館で開催された。

　これらの研究団体や研究機関は主に人文系の日本研究である。美術史、思想史、宗教史、文学からのアプローチの研究が大部分であり、残念ながら経済、法律など社会科学的アプローチの研究者はいまだに稀少である。人文系の研究者が文学研究を筆頭に日本語を流暢に話し、読み書きが堪能なのと比べて社会科学、特に経済学や政治外交研究者の多くは日本語の読み書きについて十分な基礎学力がなく、多くは英語資料に頼った形の研究である。

　かつて日本でもフランス研究は文学から始まって人文研究者が大部分であったが、最近では日本人研究者がフランスの法律、政治、経済分野でもフランスの学位を取得する者が輩出するようになっている。それを考えると、フランス人の社会科学分野の日本研究者が育つことが望まれる。

　そのことはパリにある四大シンクタンク（フランス国際関係研究所（IFRI）、パリ政治学院国際関係研究センター（CERI）、理工科学校（エコール・ポリテクニーク）戦略研究財団（FRS）、国際関係・戦略研究所（IRIS））でも例外ではない。すべて合わせても日本の政治・経済についての研究者は数人しかおらず、ＩＲＩＳには日本専門家もいない。またこれらの機関の中でもきちんと日本語で議論できるレベルの研究者は稀である。ドイツ・ベルリンのＳＭＰ（国際安全保障研究所）などと比べると大きな開きがある。文学や芸術を通した形以外では、日本社会についてのフランス人の理解度はまだまだ低い。

　筆者自身政治学を専門とする立場から、フランスでの社会科学的な日本研究の促進に尽力したいと思い、シンポジウムなどの開催を積極的に支援し、自分でも企画・運営した。日本の第一線の政治、外交専門の研究者のうち旧知の学者を何度か招聘し、日本文化会館やソルボンヌ校でシンポジウムを開催した。特に、クール・ジャパン・キャンペーンに絡めた日本の政治、文化外交をめぐるテーマの企画の成功はそうした広報・学問領域の拡大を印象付ける良い機会であったと思う。

この企画は継続しており、二〇一二年一二月には「日仏対話週間――グローバルプレイヤーとしての日仏協力」という形での連続講演会・シンポジウムが、国際交流基金・外務省・フランス大使館・日仏会館・東京外国語大学などの共催で実施されている。

## ブーローニュの森の木曽民家

筆者がパリ日本大使館に赴任して二か月も経ったころ、日本民族学研究者のジャーヌ・コビー氏が筆者の執務室を訪ねてきた。その後彼女は事あるごとに筆者のオフィスを訪れた。日本の有力企業A社のパリ支社長秘書も同行されることがあった。

用件は彼女が日本で譲り受けてきた一五〇年前の木曽の民家をパリで公開したいということだった。彼女のライフワークとも言えるプロジェクトである。日本語に堪能な民俗学者であるコビー氏は、一九九九年在日中に親しくなった木曽に住む知り合いの高齢の女性から築一五〇年になる木造民家を譲り受けた。そこから彼女の夢が膨らんだ――この民家をフランス人にぜひ見せたい、と。

日本企業を中心としたそのための支援団体が結成され、「味の素」社がそのまとめ役になった。この支援団体は四〇〇〇万円の寄付金を集め、古い民家を解体した建築資材は一九九九年にフランスに送られたが、当初の移築先での行政許可が下りず、資材は長い間コンテナに保管されたままとなっていた。二〇〇七年にようやくパリのトロカデロ広場に面した国立人類博物館（シャイヨー宮）の中に、この一〇〇平米ほどの面積の木曽民家の復元が成功した。トロカデロという、パリ万博でおなじみのエッフェル塔を正面に見た瀟洒なヨーロッパ建築の宮殿の中に、日本の木造民家があったのである。

しかしなぜこの民家のことが一般に知られるところとならなかったのか。実は復元されたものの、一般公開されなかったのである。復元された後になってこの家屋の重量が予想外に重かったことが判明した。もちろん石の基礎があるし、家だけではなく、農作業用の納屋などの付設家屋や農作業用具などの付属物も一緒である。博物館側の試算では、ここに多くの観客が来ると床が抜けてしまうということであった。したがって公開はできない。コビー氏としては一日も早くこの民家を一般公開させたい。この押し問答が両者で演じられていたのであった。

コビー氏はそこで大使館にも支援してほしいと言ってきたのである。筆者は、とにかく先方の意向を聞いてからにしましょう、と答え、早速この人類博物館の館長も兼任するパリ動物博物館・植物園長ガレ氏に会いに行くことにした。左岸にあるこの博物館と植物園は一九世紀に建立された歴史的な科学博物館であり、権威ある研究機関でもある。ガレ館長はグランドゼコール出身の高級官僚でありながら、同時に歴史に造詣の深い学者でもあった。親しくなってからは、フランス歴史の話題に花が咲いたのだが、最初の面会はきわめて両者緊張したものであった。

難しい案件なので、対応の仕方に思案しながら出かけたのであるが、館長が急用で約束の時間になっても執務室に戻ってこないというハプニングがあった。館長を待つ間、担当の部長と話しながら、筆者の頭をめぐったのは想定外の相手の対応への不安であった。遅れた理由を縷々説明する館長に、早速こちらから用件を切り出した。先方はすでにコビー氏とは何度か話し合っているので、こちらがどこまで知っているのか、探る様子で話し始めた。彼は頭の良い方で余計なことは言わず、人類博物館での復元は「こちらの計算ミス」とはっきり失敗を認めた上で、次の移転場所も考えていると言い出した。場所や地域の設計図まで持ち出して説明してくれる。

これではこちらも何も言いようがない。民家の一般公開は当面は不可能であるが、実は人類博物館でのガレ館長が影響力を持つヴェルサイユ市の樹木園の中の入り口付近を移転先として予定しており、その費用についてはこの樹木園が所属する地域圏議会で予算計上する段取りを進めているところだという。この日はそれらの点についてできるだけ早く詰めてほしいことと、逐次連絡を取ってほしいことを伝えて戻ってきた。

移転の話はコビー氏からは知らされていなかった。それにガレ館長の提案は悪くないように思えた。立場上、同氏がいい加減なことを言うはずもない。コビー氏にはこの移転計画についてもそれとなく、聞いてみた。彼女はどの程度かしらないが、移転の話やその移転先については薄々知っているようであったが、その実現までに相当な時間がかかるのではないか、と大きな不安を抱いていたようである。こちらとしては、こういう事態であるから、少し時間がかかるのもやむをえない。そう思っていたところ、この民家に関してはいろいろな情報が入ってきた。日本びいきのアルベール・カーン博物館がすでに二軒日本の民家を立てているが、三軒目としてこの木曽民家を復元したい意向を持っているという。またブーローニュの森にある「環境・風土適応公園（jardin d'acclimentation)」での復元にＬＶＭＨ（ルイ・ヴィトン・モエ・ヘネシー）グループが関心を持っている、などである。

そんな中で、コビー氏は二〇〇八年日仏一五〇周年記念の行事としてわずかな期間でもよいから木曽民家の一般公開を実現したがっていた。結局、一二月この記念の一年が終わる間際になって、急遽シンポジウムをトロカデロ広場の会場で開催することに成功した。こうしてとりあえず彼女の一般公開の夢は一時的には叶った。

ヴェルサイユ市の樹木園がどんなものか視察にも行った。ちょうどヴェルサイユ庭園のトリアノン宮殿にあたるところの反対側にあり、なかなか広く見晴らしの良いところである。この入り口付近の眺望の良い場所にこの古民家を建て、周囲に桜の木でも植えれば「桜祭り」もできるだろう。そんなことをヴェルサイユ市の担当官などと話したことを覚えている。

しかし結局、この樹木園への移転は実現しなかった。その後二〇〇九年にＬＶＭＨの支援を受けて、博物館修復工事のためにこの民家は一旦解体、翌年二〇一〇年九月にブーローニュの森の中の「環境・風土適応公園」でこの木曽民家はめでたく復元を果たした。文字通り苦節十一年に及ぶコビー氏の木曽民家復元の長いドラマはこうして成功のうちに幕となった。

この民家を訪れたことがあるが、日本人には古い日本家屋のひとつに過ぎない。しかし改めて異国の地、パリで訪れてみると、日本人の日常生活の歴史の一場面を実感できる価値のある建造物であることは確かである。日本の文物は一般に地味である。しかしそれでも味はある。そう思ってくれるフランス人が一人でも多くなることは日本文化の発信の確かな一助となるであろう。

二〇一二年春に筆者がブーローニュの「環境・風土適応公園」に移転したこの木曽民家を訪れたときに、この公園で「桜祭り」が開催されていた。さながら日本の縁日のように屋台や出店が出て、日本のお茶や民芸品、簡単な食べ物が売られていた。正面奥には野外ステージが設置されて琉球踊りや日本の歌が紹介されていた。ヴェルサイユからブーローニュと場所は変わったが、筆者が提案していた企画は見事に現実となっていた。

### 自立した自治体交流の活性化——JETプログラム・日仏自治体交流会議

後に述べるが日仏のような先進国ではもはや政府機関を通さない地方同士の交流が盛んである。バブル経済のさ中には日本中の各県がこぞってパリに駐在員事務所を設けていた。観光客誘致やそれぞれの得意分野での産業技術協力などは政府主体の国際交流に限界がある中、今後伸ばしていかねばならない分野である。自治体交流は文化的要素も高い。たとえば、JETプログラムは日本の各自治体が外国人を外国語教育の教員や外国語指導助手として雇用（ALT, Assistant Language Teacher）したり、自治体関連の事務所で国際交流の実務についてもらったり（CIR, Coordinator for International Relation）、スポーツを通じた国際交流関係活性化（SEA, Sports Exchange Advisor）を勤めたりする。日本の生活や仕事の習慣に慣れてもらう招待トレーニング・プログラムであり、日本での外国語教育の充実と地域レベルの国際交流の推進が目的である。参加者は当然若い人たちで日本語の成績の良い人々が選ばれる。すでに来日する前から流暢に日本語を話す人も少なくない。

このJETプログラムは一九八七年に創設され、アメリカとの交流が最も多く、毎年三〇〇〇人、次いでオーストラリア三〇〇人、イギリス二〇〇人程度が受け入れられている。フランスとの関係は一九八九年から開始され、例年ALTとCIRがそれぞれ一〇人程度というのが二〇〇〇年代までの平均である。日本語ブーム、日本文化のブームと言ってもまだまだ小さな規模であることがこれでよく分かる。青年交流であるので、この分野に力を入れていかねばならないことは言うまでもない。

他方で、各自治体間の交流は思った以上に盛んで、大使館に情報が入らないこともしばしばある。もっともかつてバブルのころには数十に及んだ、フランスの各自治体代表部の駐在員事務所は二〇一〇年には大阪市と兵庫県の二自治体にまで減っている。

さまざまな取り組みが行われたが、中でも日仏交流一五〇周年を契機に開始された「日仏自治体交流会議」はこれまでとは異なった新しい試みであった。京都・金沢・神戸・仙台・新潟・静岡・高松・飯田・出雲・白河各市に加えて、兵庫県・三朝町など十二の自治体の首長がフランスのナンシー市に一堂に会して第一回目の会議が開催された（フランス側はパリ・リヨン・トゥールなど一七市）。ナンシー市はロレーヌ地方に所属し、ガラス工芸や鉄鋼業で有名な中世以来の歴史的都市であり、アール・ヌーボーのガラス工芸で有名なエミール・ガレの出身地として知られる。市内のスタニスラス広場、カリエール広場、アリアンス広場はユネスコの世界遺産にも登録されている。ナンシー市の姉妹都市は金沢市で、この会議には両姉妹都市の市長が積極的な役割を果たした。二〇〇八年一〇月、日仏交流一五〇周年を記念し、「地方ガバナンスと持続可能な発展」をテーマに、両国自治体が保有する「知と経験」の共有を目的にすることで一致した。重要な点は、これまでの一対一の姉妹都市間の関係を超えて、自治体間の関係をマルチ（多都市間）で考えていこうという提案にあった。

続いて二〇一〇年五月に石川県金沢市において開催された第二回会議は、第一回会議と同様なテーマで、日本側二六自治体、フランス側一八自治体によって開催され、①文化、伝統を地域振興に生かすための行政、学術、産業界の役割、②地方自治体による産業の振興の取り組みと相互協力の可能性、③都市の持続的発展と環境保護を両立させるため、地球温暖化対策、および廃棄物対策をどう進めるか、④活力ある社会を維持するため、少子高齢化にどう対応するか、などについて議論した。そして共同声明「第二回日仏自治体交流会議 金沢宣言」を発した。

この時期に合わせていくつかの自治体は市長以下代表団をフランスに送ってきた。先に述べたように、京都市とパリ市の間での一連の行事のほかにもこうして各地方自治体間の交流が行われたが、それらは市長や自治体の有力な支持者に支えられている。筆者が出席した会合の一つに、トゥール市と高松市の交流があった。両市の姉妹都市二〇周年記念で大西秀人高松市長自らが地元の支持者とともに現地を訪れ、ジャン・ジェルマン市長が市庁舎内の大きなホールで三〇〇人ほどの関係者を集めて大晩餐会が開催された。ジェルマン市長はもともと法律学者でトゥール大学学長を勤めた知識人である。トゥールには、フランス甲南学園トゥレーヌという、甲南大学が経営する日本人中・高校生の教育を行う全寮制の中・高校があった。トゥール市自体との交流は、両市から研修生等の派遣・受け入れ、高松市からトゥール・フェアへの出展、トゥール美術館展の開催、フランス宮廷音楽合奏団の高松公演等友好交流などが行われているが、それ以上の活性化となると、お互いの特徴をどのように生かしていくのか、それぞれに苦労がある。しかしこの市の助役のトマ氏は大変な日本好きであちこちの日本関連の行事で行き会った。まずは人からであることは確かである。

一口に地方交流といってもさまざまである。横浜市の姉妹都市は海港ではないが、同じ水運拠点の港町のリヨンである。神戸市の姉妹都市は、やはり港町マルセイユ市である。スキーとリゾート地モンブランで有名なシャモニー市の姉妹都市は、同じく名峰を擁する富士吉田市である。お互いに共通点を持つ都市間の交流が多い。大阪府はパリ近郊のヴァル・ド・オワーズ県と提携しているが、この地域では日本企業が五〇以上も進出し、工場や事務所を構えている。したがって「Kino-tayo（金の太陽）」と呼ばれる日本人の若い映画監督の作品を中心とした日本映画祭りが、この県の支援によりパリで毎年開催されている。

### コルトーの夢の島

今でも忘れられない楽しい思い出もある。ある日、パリのエコール・ノルマル（高等師範）音楽院のユゲル学長が筆者の執務室を訪ねてこられた。ピアノファンであれば誰でも知っているショパン、シューマンなどのロマン派のピアノの名手、アルフレッド・コルトーが創立したこの学院には日本人の学生も多く、ここからヨーロッパのさまざまなコンクールに日本人学生が参加し、しばしば受賞している。下関市にこのコルトーに因んだ多目的ホールを作ることが決まった。下関市長も来訪して、エコール・ノルマル音楽院とのパートナーシップの調印式を行ったが、しかるべきセレモニーをしたいという提案であった。

実は、フランスを代表する演奏家の一人であるコルトーは、晩年一九五二年に日本を訪れたことがあった。コルトーは下関公演の際に川棚のホテルに宿泊したが、そのときホテルから眺めた厚島と響灘の風景にすっかり心を奪われ、当時の村長に厚島を購入したいと申し出た。戦後まだ日の浅い時期だとはいえ、そんな無法な交渉が本気で行われたとは思われないが、村長は洒落っ気のある人であったか、「厚島に永住されるという条件であれば、無償で献上しましょう」と答えたという。住民からは島の名前を「孤留島（コルトー）」と命名することも提案された。世界的名声を博したピアニストが極東の小さな島に永住するとは考えにくいが、コルトーがいたく喜んだことは確かであった。コルトーは「わたしの思いはひとりあの島に残るだろう」と言い残し、川棚に戻ってくることを約束して帰国した。

ともかくコルトーはこの粋な返事が気に入ったようである。帰国後も周囲の人に「カワタナの夢の島」の話をよく語っていたそうである。しかしコルトー自身はその後病の床につき、二度と川棚を訪れることはなかった。

そしてその後約半世紀が経過した二〇〇三年、エコール・ノルマル音楽院からの一本の電話が下関との関係を再びつないだ。コルトーの「夢の島」の思い出話の続編がこうして始まった。二〇〇八年十一月十二日下関市長が来仏した。翌年一月十七日には、コルトーが滞在したホテルの跡地に建設される「下関市川棚温泉交流センター　川棚の杜」の施設内の「コルトーホール」で、コルトー音楽祭が開催された。

## フジタ礼拝堂のランス、親日リゾート都市

日本人やフランス人が双方の国で残した足跡に因んだ交流のきっかけはたくさんある。パリから車で三時間ほど北に行ったシャンパーニュ＝アルデンヌ州マルヌ県にあるランス市も、かつてフランス国王の聖別戴冠式が行われたノートルダム大聖堂の所在地として有名なだけではない。エコール・ド・パリの旗手の一人藤田嗣治を通しても日本になじみの場所なのである。

二〇〇九年四月藤田嗣治夫人の財産管理人角田昌彦弁護士から連絡があり、筆者はランス市にあるフジタ礼拝堂に出かけることになった。寒い朝、そぼ降る雨の中、礼拝式が行われ、夫人の納骨式が行われたのである。夫人の遺言によって、藤田嗣治の遺骨が納められている礼拝堂の右脇にある地下室に夫人の遺骨は無事納められた。この礼拝堂は藤田を援助したフランス有数のシャンペン生産業者Mumm（マム）社の後援で、藤田が生前その壁いっぱいに広がった鮮やかなフレスコ画を描いた礼拝堂としてよく知られている。式典の後、礼拝堂の横にある同社の迎賓館で乾杯と懇談会が行われ、その後昼食会となった。市の助役らとともに同市にある美術館館長や日仏友好協会代表も同席したが、その中での大きな話題は日本との関係を活性化させたいということであった。美術館は浮世絵をかなり所蔵しているということで、日本美術館ないし新たな施設を考えたいという。他方で、その一環として日本庭園の造園も考えたいといった話であった。

この手の話は資金面での問題が常にまとわりつくが、大使館には例によって資金はない。外交官の仕事とはその気になって拾っていくと数限りない。こうしたたくさんの可能性の山と弾込め、そして挫折の繰り返しである。成功するのはほんの一握りのケースである。しかし常に何かイベント

のきっかけはある。辛抱強く、根気の要る仕事でもある。

この点、地域との友好関係の交流を重点化していくことも必要であろう。長年、上院の日仏議員連盟の団長をしていたカンタン議員が市長を務めるロワイヤン市（シャラント・マリティーム県）では、この二〇〇八年の秋に突然日仏記念行事が市長の鶴の一声で決まった。筆者も日本映画上映会（谷崎潤一郎の『細雪』）でのスピーチと講演に出かけた。講演は地元の高校で実施されたが、玄関入り口には日本関係の展示で埋めつくされ、講演会場は盛況であった。日本への高い関心を持ってくれて、質問はよく勉強している内容のものも多かった。

この大西洋岸海辺の美しい都市には国際庭園がある。そこには日本庭園もあり、外国語ラボラトリーには日本語教育の施設もある。食材もそろうリゾートタウンであるのだから、「ぜひに本格的な日本料理店の設置を」と市の国際交流担当者に繰り返し提案した。

# 第三章　「文化の時代」の日本外交の転換点

## ――日本文化外交の過去と現在

# 第一節　「文化の時代」の日本外交

## 文化活動は外交に資するのか

文化外交の重要性を説くたびに受ける質問がある。「文化と外交は結び付くのですか」という質問である。正直なところこの質問に対する正解はない。第一章で挙げた名画『モナ・リザ』がアメリカで公開された例は、フランス絵画に造詣のあるジャクリーヌ大統領夫人とノーベル賞作家マルローとのマッチングがもたらした偶然の産物であるが、その効果とは一体何だったのだろうか。鳴り物入りで大西洋を渡った歴史的絵画の話題性は大きかったことは確かである。それまで美術館に行ったことのなかったアメリカの一般市民がその後フランス絵画に興味を持つようになったことは、フランスという国に対する、アメリカと世界の人々の好イメージを醸成するのに一役買ったことは確かである。

しかし話題として世間の耳目を集めたからといって、その外交上の効果がどのような形で表れているのか。具体的にフランス外交にどんな利益をもたらしたのか。それは定かではない。

それでは文化的イベントや文化財を用いた対外活動が無意味なのかというと、必ずしもそうは言えない。文化が人々の気持ちや考え方、相手の国に対するイメージに影響を与えることは確かである。文化の交流が広い意味での価値観やメッセージを伝える役割を持っていることは否定できない。

「文化」とは何か。文化人類学・社会科学的な意味からこの言葉を改めて考えてみると、抽象化されたいくつかの概念として説明される。「文化とは象徴に表現される意味のパターンで、歴史的に伝承されるものであり、人間が生活に関する知識と態度を伝承し、永続させ、発展させるために用いる、象徴的な形式に表現され伝承される概念の体系を表している」という文化人類学的なギアツの定義は有名である。この定義はその後大きな影響力を持った（クリフォード・ギアツ、一九八七年）。それは六〇年代のアーモンドとヴァーバの政治文化の定義に発展していった。彼らは、政治文化を「政治システムに関連する諸社会の信条と価値の下位集合体」と定義した（ガブリエル・A・アーモンド&シドニー・ヴァーバ、一九七四年）。

しかし価値観の相互理解、文化交流が深まったからといって、国家間の関係にどれだけそれが直接影響を持つのかは明らかではない。結局は国家間の究極の対立は政治・軍事の力でしか決着はつかないではないか。頼れるのは力だけではないか。そういう考え方に正面から反対することは難しい。国際政治において軍事力、地政学的位置関係はその決定的な条件である。その立場からすると、文化が及ぼす影響は二次的三次的要件に過ぎない。その意味では、結果が具体的な形をとった成果になりにくい文化領域の仕事にはもともと大きな限界がある。外交の中心領域はやはり政治・軍事、そしてそれを支える経済であるということになる。

国際政治学の分野で言えば、政治・軍事を重視する立場は「リアリズム」の議論である。それは「国益」に代表される合理的な利害関係の説明による考え方である。これに対して外交の文化的要素を重視する立場は、「リベラリズム」（最近では「構成主義（コンストラクティヴィズム）」と呼ばれる価値・規範を重視する学派）の議論ということになる。そこでは、文化とは価値・価値体系であり、それを体現した規範やルールが研究対象となる。その意味では、文化を議論することはつかみどころのない理想論や空理空論を唱えることであるかに考えられがちである。

しかし冷戦が終結し、パワーポリティックス的な合理的リアリズムだけで問題を解決してよいのか、それは本当の解決なのか、という疑念が高まってきているのも事実である。国際政治の大きな枠組みにおける力の外交の相対的低下、グローバリゼーションによる情報伝達の高速化と普及度の拡大は非軍事的な国際問題の解決手段の重要性を押し上げているのは明白である。国際政治学の安全保障分野での最近の議論では、軍事的対応を伝統的安全保障と称し、非軍事的対応を非伝統的安全保障と称している。「人間の安全保障」という言葉に代表されるように、国際社会による安全保障概念（セキュリティ）の対象が、国のレベルから個人に対するレベルにまで深化している。多様な情報を共有することを通して人々はリスクを避け、合意のために思考・行動様式の相互理解のレベルを向上させるようになったのである。その意味では、国際政治においても冷戦終結後は文化の領域の重要性がそれまで以上に指摘されるようになった。サムエル・ハンチントンの『文明の衝突』（集英社、一九九八年）は世界を文化圏に分けてそれぞれの地域との関係を「文化」を尺度に考察しようとしたものである。底意はイスラム原理主義の特殊性を強調することにあると筆者は考えているが、そこには一つの時代の流れが透けて見える。すなわち、軍事力とイデオロギーに支えられた国際社会体制をめぐる議論が冷戦の本質であるとすると、冷戦終結によって人々は平和的かつ衝突回避の方向で問題を解決しようとするようになったということである。

後に述べるが、ジョゼフ・ナイの主張する「ソフト・パワー」も結局、文化の影響に注目する議論となっている。フランスでは、このような文化面に焦点をあてた外交を第一章で紹介したように「影響力を持つ外交」という呼び方をする。いずれにせよ、それは自国の価値観や思考・行動様式について他国に理解を促す中で自然に相手を説得し、影響力を行使することを意味するという点では同じである。文化とは「伝承される概念」や「価値体系」であり、一国の外交にそういった側面がなければ、一国の外交の方向性も長期的視野も不明なままである。それでは外交は実務的手続きばかりが前面に出ることになる。そのような国が国際社会でリーダーシップを発揮することはできないであろう。その意味では、広義の文化は一国の外交の本質部分を担うと同時にツールとなる。わたしたちはそういった時代に入ったのである。

## 「文化の時代」の国際関係

実は、包括的で、ある種融通無碍の「文化」という概念が、このように独り歩きするのは時代的風潮であると筆者は考える。つまり冷戦終結後、特に先進諸国においては人々が身体的・物理的、そしてイデオロギー的な対決や論戦を避け、穏健な解決を図りたいという気持ち（人間の「自然の欲求」でもあるが）を増幅させた。今日、相互の立場をできるだけ尊重し合うことを通した「ウィン・ウィン」の「ノンゼロサムゲームの時代」になってきたのは事実であろう。そして物理的な戦争もイデオロギーの激しい論戦も人々は避けるようになる。

加えてグローバリゼーションの進行は、人々の価値観や行動様式を、次第に相互に受け入れ可能な一定の範囲のものとしていこうとする。標準化・平準化が進む。そして、個別の利益対立を尖鋭化するよりも、実体として人々の生命や財産の安全を優先するための妥協が模索される傾向が強くなる。つまり冷戦終結後の世界では安全（セキュリティ）の概念が広範に拡大していく傾向が強まり、そのために人々はできるだけ武力的な、力の対決を避けて妥協をしようとするようになる。先に述べたように、国際政治でも非伝統的安全保障としての人間の安全保障という概念が大きな課題として論じられるのもその故である。その過程で「対話」の機会は増え、合意形成のプロセスが重視され、それは社会規範・ルール作りのプロセスともなる。そしてそのプロセスが定着していく結果、共有する価値観、つまり共通文化が成立するのである。その意味では、世界は次第に「文化の時代」になっている。少なくとも先進諸国間の関係はそうした時代に入りつつあると言ってよい。近代国家システムが権力と闘争の時代であるとしたら、「ポスト近代」とは平和的問題解決の時代である。そのことをここでは「文化の時代」と呼ぶ。このことは、冷戦終結直後、フランスのジャンマリ・ゲーノ（『民主主義の終わり』講談社、一九九四年）や田中明彦（『新しい中世』日本経済新聞社、一九九六年）が示唆していた先進諸国間における非軍事的な問題解決の時代の到来にも符合する。

そうした中で、憲法上、武力行使を放棄し、平和立国としての外交を模索する姿勢を示す日本への期待は大きいはずである。そうした日本の「平和と安定」のイメージの延長に、日本の文化に対する好意的評価が確立していくことは日本外交のポジティブな一面であることに間違いない。筆者は従来日本が「グローバル・プレイヤー（パートナーにとどまることなく）」になることを主張してきたが、その意義はまさにそこにある。

「平和と安定」「平和と繁栄」などの言葉で日本外交の進路を表現することは、単なるお題目としてではない。日米同盟の中での対応に四苦八苦するだけの日本外交を世界は評価しないであろう。たとえ、局面局面ではアメリカとの連帯を第一とするとしても、世界の秩序の安定についての明確なヴィジョンを持たない依存外交では、それは日本の価値観や見識を明確にしないからである。当の同盟国であるアメリカにとっても日本という同盟国に対する信頼感には限界があるであろう。

## 日本の広報外交の現状――政策広報と一般広報、そして文化外交

それではこの「文化の時代」に日本外交はどのように対応しているのであろうか。ここで日本外交の「広報文化外交」の実態について少し述べてみよう。この呼び方は外務省の呼称にならったものである。

「広報文化」とは日本外務省の本省・在外公館での部署名でもある。外務省の本省には、大臣官房の下に二〇一二年七月までは外務報道官組織と広報文化交流部が存在していた（同年八月組織再編）。簡単に言えば、前者が主に国内広報を担当、後者が海外広報を担当する。現在では（二〇一三年三月）、両者が統合されて外務報道官・広報文化組織となった。そしてこの部局全体の司令塔的な役割を果たす広報文化戦略課が新たに設置されている。広報文化の活動機能についてはまだ試行錯誤が続くだろうが、新たな部局の中には文化交流・海外広報・国際文化協力・人物交流などの分野がこれまで以上にきめ細かく組織再編成されており、外務省が広報文化分野の強化を図っていることがうかがわれる。大きな在外公館は別として、一般的には広報と文化の担当は厳密に区別せず、両者兼任のケースが多い。アメリカやフランスなどの規模の大きな日本大使館では、広報文化

部が広報班と文化班に分かれている。

広報と文化の活動は密接に結び付いているが、基本的には一緒に活動するべきか、あるいは切り離して活動すべきか、という点では議論は分かれる。在京のフランス大使館では両者は完全に別個の活動単位となっている。

「広報」という言葉を改めて辞書で調べてみると、『大辞泉』には、「官公庁・企業・各種団体などが、施策や業務内容などを広く一般の人に知らせること。またその知らせ」となっている。

それでは外交の立場からこれを解釈すると、どうなるのであろうか。外務当局にとって「お知らせ」の基本は、手続き面での不可欠な「連絡」であろう。それは在外公館における邦人（同国人）保護を第一とする領事業務である。在留邦人に危険を知らせたり、注意を呼びかけたり、また滞在許可申請をはじめとするさまざまな手続き措置の連絡は最も重要な仕事である。

しかしこれらの仕事は恒常的に大変重要であるが、外交の相手国に対する影響力はさほど大きくはない。適切な対応や措置が臨機応変に実施されることは、もちろん日本という国の信用を高めることにはなるが、他の国の外交と比べて突出した比較優位を示すような場面は不可測的な大事件でも起きない限り、なかなかできない。必要だが目立たない日常業務ということになる。

こうした領事業務とは別に、広報部の活動がある。改めて言うまでもなく、広報とは相手に外交上の影響力を与えることを目的とした働きかけである。目的・用途によって相手政府・外務当局や特定の団体を対象とするキャンペーンを打ったり、相手国の一般国民・市民を対象とする情報宣伝活動を行うことである。その広報には外務省の分け方で言えば二種類ある。一つは、政策広報活動であり、もう一つは一般広報活動である。

まず「政策広報」とは、特定の政策を相手政府・外務当局、特定の政治家や一般市民に情報宣伝する広報活動である。

日本の具体的政策についての広報はより緊張感があるものである。古くは日露戦争開始前後の戦争の正当性を主張したプロパガンダ外交であるが、筆者がフランスに在任中、始終対応しなければならなかったのは、死刑・捕鯨問題などの抗議のメールや問い合わせに対してだった。また現地の日刊紙や雑誌にそうした関連の記事が載ると注意深く読んで、間違いがないか、反論すべき点がないかを毎日チェックするのも重要な仕事である。そのほかにも、北方領土や尖閣諸島・竹島問題、日本海呼称問題などは半ばルーティンワーク的にフランスの新聞で記事が出たり、教科書問題の中で話題になったりする。特に竹島問題は、アシェット社という大手の出版社の教科書が「竹島」ではなく（韓国の主張する）「独島」という呼称を単独で掲載したので最近でも問題になった。在仏大使館は何度か、出版社にも問い合わせたが、要領を得た回答は得られなかった。

日本海呼称問題（日本政府は「日本海」と主張し、韓国政府は「東海」と呼ぶ）についても似たような経緯があった。日本海呼称については在仏大使館でも二〇〇三年に、フランス国立図書館(Bibliothèque Nationale de France)、国立古文書館（Archives Nationals)、および仏国防省付属海軍歴史課（Service Historique de la Marine）の所蔵する地図で日本海の記載状況を確認している。その調査の結果、一八世紀以前のヨーロッパ地図では「日本海」、「東洋海」、「中国海」のほかに、「タタール海」(Mer de Tartare)、「マンジ海（Mer du Manji)」など日本海海域の名称には大きなばらつきが見られた。しかし一八世紀末以降の地図では、「日本海」という名称が圧倒的に多く使用されている（一九世紀では、九四・二％、二〇世紀前半では九〇・〇％）ということが分かっている。

この種の問題は扱いが難しい。わが方の見解を再度確認する書面をとりあえず相手に送付することが最初の仕事である。そして相手に面談なりを求めることであるが、たいていの場合がかなり形式的なやり取りで終わってしまう。相手を極度に刺激しない範囲で抗議し、その文書を本省にも証拠として送っておく。こうした作業が繰り返されるのである。一つ一つのケースでどこまで相手に接触したらよいのか、出先の外交的接触では常に付きまとう問題である。ちょっとした一言一句の解釈がとんでもない方向に行くことにもなるからである。

在仏大使館在任中、ひやりとしたケースもあった。*Challenge*（チャレンジ）という雑誌の編集長と談話した際、筆者の発言が無断で記事にされた。日本の話題はとかくフランスでは正面から扱われず、批判的に書かれることが一般的である。その記事も見出しだけだと、日本に対する批判的な記述であるように見える。しかしよく読んでみると、発言を引用した箇所は、見出しと文脈から意図的に解釈しようとすれば、アグレッシブな発言に取れるというだけで、発言そのものに特に問題があるわけではなかった。見出しが冷静なものであれば、むしろ日本に好意的な記事である。編集長は好意的なつもりで書いたのだが、編集担当者によって主旨と異なった見出しがつけられたことに気づいて、慌てたこの編集長は印刷を止めようとしたようであるが、間に合わず、こちらに平謝りである。「この埋め合わせはいかようにでもするから」と言うので、その後政治経済分野でいくつか日本びいきの記事を掲載してもらった。

このChallengeという雑誌はビジネスマン向けの週刊誌である。フランスの古い人気週刊誌Nouvel Observateurという左派系の雑誌を発行している会社と同系列である。Nouvel Observateurにある日、フランスにおける日本語教育体制の拡充を奨励する記事が出た。後述するが、日本語教育の振興も大使館の重要な仕事の一つだったので、この記事を書いた記者を昼食に招いた。それがきっかけとなって、Nouvel Observateurのペルドリエ社主から食事の招待を受けた。パリ株式市場のある広場の正面に社屋があり、その最上階の見晴らしの良いところに特別食堂があるのである。そこでは社主お抱えのシェフが自慢の料理を振舞う。ペルドリエ社主は日本に好意的であり、日本との交流に一役買いたいと言ってくれた。

死刑問題などもフランスジャーナリズムの関心が強い。一九八二年にミッテラン大統領が死刑を廃止したフランスからすると、日本がいまだに死刑制度を維持していることはあたかも「ハラキリ」の国がいまだに近代化していないかのような論調で語られる。社会通念の違いであり、根源的には文化の問題であると言っても、なかなか理解してもらえない。この問題に関しては、筆者の考えるところ、一つには死刑制度を維持するアメリカへの対抗意識がフランスにはあるのではないかと思う。またアメリカと密接な関係にある日本に圧力をかけることは、アメリカとアジア諸国に対する圧力にもなる。世界的な道徳倫理規範をリードしたいというヨーロッパの底意の表れでもあろう。

あるとき『ル・モンド』紙のアジア担当編集長と食事をしていたときに、この死刑制度の話題となり、同行した若い同僚と一緒に文化や考え方の違いを丁寧に説明した。少ししつこい質問でもあったので、ちょっと気にはなっていたが、一週間ほどすると、『ル・モンド』紙の論説記事が日本の死刑制度に言及していた。彼らの従来の死刑反対の立場からの主張とともに日本に対する言及もあったが、間違いや大げさな表現で読者に誤解を招くような書き方ではなく、配慮のある記事であった。この種の記事の後では、多々抗議の手紙を出すのだが、このときはその必要はなかった。

保守系有力紙『フィガロ』の編集部や国際報道部の幹部とも時々食事をともにした。日仏修好一五〇周年記念については好意的に書いてくれた。文化担当記者は日本に関心が少なからずあったようであった。文化欄一面ぶち抜きで「日本文化の秋」の大特集を組んでくれた。

これらのメディアに比べて、NGO相手の対応は機微な対応が必要となる。イルカの捕獲・捕鯨・マグロ漁などの問題では、シーシェパードによる一連の事件に見られるように、環境保護派が実力行使に訴えることがあるからである。日本政府は、鯨とマグロは政治的なレベルでの国際社会の決定にゆだねる形をとっており、日仏二国間ではなはだしく問題化しているわけではないので、大使館としてはある種の季節ネタとして冷静に対応していれば大過ない状態である。

ただし、こうした広報活動は日常化してしまうと、さも一般広報のようになるが、ちょっとしたことから中心的政策イシューになりかねない。パリでのアフガニスタン支援会議と、横浜で開催されたアフリカ開発会議（TICAD Ⅳ）は筆者が体験したパリでの大きな会議の広報であったが、このときはフランス人記者との昼食会や記者会見を開催した。TICAD Ⅳについては、フランス版の『日本経済新聞』である『レゼコー』が日本のアフリカ外交を好意的に取り上げてくれた。

日ごろの現地の記者や関係省庁担当官との接触が重要となる活動である。

## 一般広報活動

次に、広報活動のもう一つの活動である「一般広報」とは、ルーティンワーク的な活動である。在仏日本大使館の例で言えば、定期的に大使館が発行するフランス語のニュースレターやテーマごとに発行される「大使レター(大使名でのメッセージ)」の作成、ウェブサイトの作成と管理などが主要業務である。ニュースレターの内容は日本の現状や政府・大臣の公式見解、フランスでの民間活動などを伝える。大使館の活動の中でも重要な活動の一つであり、内容は政策広報もかなりの部分を占める。

しかしながら、読んでもらえる広報紙(誌)という意味から言うと、筆者が滞在していた時代の在仏大使館が作成していたニュースレターは正直に言っていかにも貧弱であった。上質の紙ではあるが、A三版二つ折四~六頁に小さな文字がぎっしりと並んでいる。全体として美しい冊子ではあるが、あまりにも簡素である。二〇一一年に中国に抜かれたとはいえ、日本はGDP世界第三位の国である。国力に見合った対外姿勢ではないことを何よりもよく示した例である。

予算額が乏しいうえに、企業広告を掲載することは難しいから作製費があまりにも少ないのである。他方で在日フランス大使館発行の情報誌は、グラビア版で日本大使館が出しているものとは比較にならないものである。写真も大きく、来日した閣僚や識者や映画俳優などのインタヴューもある。もちろん企業広告もふんだんに載っており、冊子そのものが日本での官民活動の紹介になっている。フランス大使館発行のものは民間企業の広告があっても官民一体化した、立派な「官報」となっている。

さらに、恒常的な大使館の広報としては、教育広報活動がある。これも地味な仕事ではあるが、重要である。日本のことを日常的に正しく理解してもらうことは、大使館の最も重要な仕事であるかもしれない。地方などでアンケートをとると、日本のイメージはまだ数十年前のままであることにこちらのほうで驚くことがある。小・中学校の先生が生徒に対して、日本が極端な男尊女卑の社会で、公害大国であると真剣に教えていたりする。

一つ印象的な例として、ボルドーへの教育広報活動があった。ボルドー政治学院学長ホフマン・マルティネ教授とは、筆者はその数年前に日本で共同シンポジウムを行ったとき以来の知り合いであった。パリに赴任して来た直後に丁寧な手紙をもらい、その後ボルドー市と日本の間で何かできないか、という話をしていたのである。ボルドーは福岡市と姉妹都市協定を結んでおり、それをきっかけにさまざまな交流がしたいというのが学長の意向であった。ともかく学長は日本びいきなのであるが、それには理由があった。

第二次大戦中の一九四〇年七月から九月にかけて、在リトアニア領事杉原千畝はナチスに追われてカリブ海に浮かぶオランダ領の島に逃れようとするユダヤ人を助けるために、日本通過ビザ（これによって連合国であるソ連通過が可能となる）を、日本政府の反対を押し切って発給した。その数は六〇〇〇人から八〇〇〇人分もあった。「命のビザ」、「日本のシンドラー」の美談をご存じの方は多いだろう。この中にマルティネ教授の祖父がいたのである。杉原に救われた人々の子孫は世界中で三万二〇〇〇人を越すと伝えられる。ご本人もこの話を公言して憚らないのだが、ともかくそうした経緯もあって筆者は在任中二度ほどボルドーに足を運び、日仏学生・学者交流の議論や当時の鳩山政権についての講演を行った。

## 文化外交と国際交流

これまで見てきたような海外での広報活動に、文化的活動を加えて広報文化外交と通例呼んでいる。さらに、厳密な区別をしないまま「広報外交」や「文化外交」などと呼んでいる。要は問題となっている事件や政策に応じて分かりやすいように使い分けられているというのが現状で、それぞれの正確な定義はない。

本書で、「広報文化外交」という表現を用いるときには、主に国家が特定の対外政策を進めていくために実施する広報と文化接触・人物交流というように定義したい。そして最も狭い意味で「文化外交」と呼ぶときには、一般広報活動のうち教育・文化活動を指すものとする。公的な対外文化活動（文化外交）の目的のために経済産業界の交流、人的・文化交流における私的活動が動員されたり、利用されたりするというように考える（その意味では広報文化外交は政府を主体とする対外政策＝外交であり、非政府的な要因はその従属変数であると考えたい）。

なぜそのように理屈っぽい議論をするのかと言うと、「国際交流」や「民間外交」などの言葉はイメージとしてとてもソフトで近づきやすい印象を与えるのであるが、その実態はきわめて広範に及び、外国との関係はすべて「外交」として扱われがちになる。それでは国際交流や広報文化外交の議論をするときに混乱を起こしやすいからである。

松村正義『新版国際交流史』(地人館、二〇〇二年)は、著者自身元外務官僚であるのでこうした用語について適切な説明をしている。本節ではまずその内容を借りて考えてみよう。

戦前には「広報外交」という言葉よりも「宣伝外交」という言葉がむしろ一般的であった。そして、先に述べた政策広報にあたる言葉として「主導的宣伝」、一般広報にあたる言葉として「受動的宣伝」という表現が使われていた。「広報文化外交」ないし「広報」という言葉は戦後使われるようになった表現であるが、「広報」とはもともとpublic relationsの邦訳であるという。その意味では次節で述べる「パブリック・ディプロマシー」の意味内容に近い。

他方で、最近よく使われる「文化外交」という言葉は戦前吉田茂が駐イタリア大使のころ(一九三〇〜三一年)、文化面での日本とイタリアとの関係強化を主張するために用いた表現として残されている。やはり一九三八年外務省発行の小冊子『外交の新しき指標——文化協定の話——』の中にも「文化外交」という言葉が散見されるという。

「文化外交」という言葉は柔らかく、聞こえの良い言葉である。「広報外交」という言葉にはきわめて政治的なニュアンスがあるのに対して、「文化外交」という言葉にはもっと中立的なイメージがある。

とはいえ「外交」という言葉がつく限り、そこには政策的意図がある。だからこそ政府機関である外務省が公金を用いて活動する意味があるのである。その点が、「文化」とつくからといって単なる「文化交流」とは異なる点である。ここでは広報の一環としての外交目的を持った対外的文化活動を「文化外交」としたい。先に記した「政策広報」と「一般広報」の区別で言えば、より間接的で目的が曖昧であるという意味で「文化外交」は後者の領域と重なる部分が多いと考える。あえて言えば、先に述べた二つの広報活動のうち、「広報文化外交」も「文化外交」も「広報外交」も具体的な活動の重なり具合の違いを示しているだけで結局同じものを指すことになる。

一つよく誤解されることだが、海外での文化活動は何でも文化外交と言うわけではないことである。そもそも「外交」という言葉に代わって、近年「国際関係」という言葉が使われるようになったのは、国家間の関係が政府レベルでの関係を見るだけでは理解できないという事情がある。国際関係が包括的で広範な領域に及ぶようになった結果である。経済的要素やＮＧＯ・国際企業を含む非政府的アクターの動静が複雑な形で国家間の関係に反映していると考えられるからである。

同様に「国際交流」と一口に言っても、切り口によってさまざまな側面があることをまず認識しておかねばならない。物品の交流やそれに関わる人物往来のレベルと、国家が対外政策を意識して意図的に行う経済・文化・人物の交流は質的に異なるし、最近では自発的な個人ないし私的団体のレベルでの交流なども多い。

いつの時代でも、ものや人の交流を通して利益を得たいという人間はいるものである。また利害関係がなくとも、外国の文化を吸収したいと考える人、人と人とのつながりを大切にしたいという個人や団体の活動も枚挙にいとまがない。宗教家の布教活動はその代表であろう。人やものが動くと当然、考え方や技術や生活習慣、思考・行動様式など広い意味での「文化」が伝わる。この影響は無視できない。歴史の中で大きな事件や変化は突然起こるものではない。その背景には無意識のこうした個々人の営為があるからである。

しかしこうした活動のすべてを網羅的に論ずることはできないし、それらが時に直接・間接的に政府や公的な活動に影響を与えるからといって、すべて「外交活動」と言ってしまうと、その範囲はとめどもなく広がってしまう。やはり民間部門の国際交流と政府レベルの活動を中心とする外交とは切り離して論じた方がよい。ここでは政府や公的機関による直接的な主導やその関連で行われた国際交流活動に限って「外交」という範疇で括ることとする。

## 第二節　パブリック・ディプロマシー

### パブリック・ディプロマシーとプロパガンダ

最近よく使われるパブリック・ディプロマシーという言葉は、アメリカの元外交官ハンス・タッチの定義では（Tuch, 1990）、「その国家の発想と理想、制度と文化を、国家の目標と政策などと同様に理解してもらうため他国民とコミュニケーションを行う政府のプロセス」となる。また、渡辺靖氏は文化と外交の関係について、その論点を明解に論じた近書『文化と外交』（中央公論新社、二〇一一年）において、パブリック・ディプロマシーを「政府が相手国の国民に対して行うこと」と定義している（同書二三頁）。いずれも「政府対政府」の関係という意味での外交ではなく、政府＝公的レベルから、相手国民＝民間レベルへの意図的働きかけとしての対外活動を重視する立場を強調している。

このパブリック・ディプロマシーという言葉をアメリカで最初に使い始めたのは一九六〇年代半ば、法律・外交フレッチャー・スクール学長のエドムンド・グリオンであったと言われる。その役割を海外で担ったのが世界中にあるアメリカ文化センターであり、その運営にあたっていたのが、USIA（US Information Agency・アメリカ情報局）であった。それは西側諸国での親米勢力の養成と社会主義圏での情報宣伝活動（プロパガンダ）の役割を担った。

このUSIAの役割そのものは決して新しくない。パブリック・ディプロマシーそのものは必ずしも新しい外交分野ではなく、プロパガンダと同じだという見方である。相手国民に対する働きかけは歴史的にさまざまな形で行われてきたからである。情報宣伝活動（プロパガンダ）は特定の価値や思想を相手に伝達・宣伝することであるが、これはナチスの時代のゲルマン民族に対する称賛とユダヤ人排斥の宣伝活動や、米ソ冷戦時代に、両超大国がともに相手国および相手勢力圏に対するネガディブキャンペーンを展開した例に顕著である。アメリカはソ連を自由のない全体主義と主張し、ソ連はアメリカを腐敗と堕落の大国と内外に宣伝した。

戦略的な対外援助もプロパガンダの一つであろう。歴史的に有名な例としては、一七世紀のルイ一三世時代のフランスの宰相リシュリューの対オーストリア政策がある。当時、フランスのブルボン朝とオーストリアのハプスブルグ家は長年対立してきた、いわばヨーロッパの二大対抗勢力であった。そしてともにカトリック教徒国である。そんな中、リシュリューは、当時ハプスブルグ家の支配に反発していた新教徒に対する支援を積極的に行ったのである。

冷戦時代に米ソ両超大国は、アジアやアフリカの政情不安定な諸国に対して、先を争って援助を行った。開発援助を餌に第三世界における勢力圏拡大を意図した「援助合戦」の発想はリシュリューの政策と同じである。

また自国のイメージアップを狙った対外広報活動もフランスには長い歴史がある。いわゆる「国家ブランド」外交である。フランスの場合、イメージ戦略としてはヨーロッパの覇者として「太陽王」とまで呼ばれたルイ一四世時代、さらにナポレオンの時代はその好例である。フランス革命の寵児ナポレオンは画家ダヴィッドに自分の肖像画を描かせて、自分自身とフランスを国内・ヨーロッパ各国に売り込んだ。形のある支配者としてナポレオンのイメージが確立されていく手助けとなった。同時に自らのイニシャル「N」のつく物品も多く残している。文字通り、それはブランドであり、今日の多くのフランス製の高級奢侈品の萌芽と言っていいだろう。

国内外の世論を喚起することによる外交的効果は政策面ではそのように長い歴史があり、今日始まったものではない。英国の著名な外交史家E・H・カーも『危機の二十年』(岩波文庫)の中で「世論を支配するパワー」という言葉を使っているし、パワーを強調したリアリストとして有名なH・モーゲンソーもその名著『国家間の政治』(『(邦訳)国際政治』、福村出版、一九八六年)の中で抑止力(相手の攻撃をとどまらせる力)の一つとして国際世論の意義を指摘している。

パブリック・ディプロマシーとは、冷戦時代の東側に対抗する情報宣伝活動であり、アメリカ的世界観の正当化のための手段をきれいな形で表現したものである。その意味ではパブリック・ディプロマシーという言葉は「プロパガンダの婉曲表現」とする見方もできる(*Types of Diplomacy*)。世界戦略を持つアメリカのパブリック・ディプロマシーについては、筆者自身はこの見方に一理あると考える。

しかし、それではアメリカの外交も旧ソ連の外交も同じだということになる。そこでパブリック・ディプロマシーという言葉に新たな含意が込められることになる。プロパガンダはしばしば「嘘」や現実の「歪曲」「誇張」を前提とするケースも含んでいる。これに対してパブリック・ディプロマシーには、民主的な活動・公正性・自由などの意味がこめられている。無理に「公共外交」などと邦訳する所以である。したがって、アメリカが自らの外交をパブリック・ディプロマシーとして差異化しようとするならば、そこには自らは公正で民主的な普遍性を体現しているという自負が背景となっている。考えようによっては、自らが善なる概念の実現者であるという正当化の論法でもある。

### 社会対話としての「新しいパブリック・ディプロマシー」

ところが、一〇年ほど前から新たに「パブリック・ディプロマシー」という言葉が頻繁に使われるようになってきた。冷戦期に使用されたことから考えると、あえて言えば「ニュー・パブリック・ディプロマシー」である。メリセンの編集による各国の政策を比較した『新しいパブリック・ディプロマシー――国際関係におけるソフト・パワー』(Jan Melissen, 2007, p.3.) は、この言葉をめぐる概念の整理と特徴のある国々のパブリック・ディプロマシーの比較、そしてこの分野の発展と育成について論じている。この本の中ではニュー・パブリック・ディプロマシーは「新しく瓶詰めされた古いワイン」というレトリカルな表現で語られている。中身そのものは変わらないとしても、どの点が「新しい瓶詰め」なのであろうか。

先に述べた、USIAは冷戦終結とともに国務省に吸収統合されることによって消滅したが、今日パブリック・ディプロマシーという言葉は新しい解釈によって説明されるようになっている。

それは冷戦終結後のアメリカの苦い経験の賜物である。冷戦終結はアメリカ的価値観の勝利を意味したが、それにもかかわらずそれを受け入れない価値観のグループが依然として残っていた。ハンチントンが驚きを持って述べた「文明の衝突」という現象であり、ターゲットは自爆テロをも辞さない、西側世界とは異なった価値観・社会観に支えられたイスラム原理主義であった。彼らとまともに対話をすることはできない。「文明の衝突」にはそういう思いがこめられていた。

そうした認識は9・11同時多発テロを経て、一層増幅されることになる。しかし実際には、「戦争」という力の手段でアメリカが対応するとなると、かえってイスラム世界での反米の気運は高まり、逆に外交はコストの増大を招く結果となる。そこで改めてパブリック・ディプロマシーが論じられるようになった。この言葉の新たな意味づけの模索が始まったのである。

パブリック・ディプロマシーが改めて評価されてきた背景には、国際政治の変化だけではなく、世界中の社会生活全般の変化がある。すなわち、①外交が一般市民ボランティア団体などの活動にも支えられるようになってきたことから、外交が民主的な説明責任を負うこと、②公開外交、国境を越えたソーシャル・ネットワークの発達、③テクノロジーの飛躍的発達に伴うグローバリゼーション、④メディアのインパクトの増大、⑤国家イメージ・国家ブランドによる評価などである。こうした点は現代の特徴であり、新たなパブリック・ディプロマシーが不可欠となった背景になっている。つまり外交そのものが民主化する中で、一部の外交専門家の専管事項ではなくなってきたばかりか、テクノロジーの発達によって伝達のスピードと範囲が急速に拡大した結果、国民レベルでの了解や理解を得ることが外交を正当化するために不可欠になってきたのである（Brian Hocking, 2007）。

そしてこの新しい意味でのパブリック・ディプロマシーとは、単に当面の国家目標の達成方法ではなく、中・長期的な目標を持って対外的な信用を増幅させ、非政府組織を含む広範囲にわたる接触や交流を通して、「信頼関係」を構築していく方法をとることである。また従来の一方的なプロパガンダと異なって「社会対話」を前提にする。そしてもうひとつ付け加えれば、この言葉がアメリカで使用されるようになった背景には「福音主義的な」（聖書至上主義＝原理主義）絶対善の概念がある。

つまり、パブリックという言葉の意味内容が拡大することによって、新鮮さや、従来の職業的外交専門家の間の仕事にとどまらない、広範で民主的で公正感のあるイメージが付け加わっているのである。

したがって「新しいパブリック・ディプロマシー」という言葉の使い方と意味内容は、かつてのプロパガンダ（情報宣伝・操作）に近い意味ではなくなったのである。これは先に言った「婉曲的なプロパガンダ」というパブリック・ディプロマシーのとらえ方とは違ったとらえ方である。

プロパガンダは一方的な伝達であり、強制力や真実を曲げたたくみな人心操作によって相手国民を欺くことも辞さない。それは同じ知識や情報提供と言っても単なる情報伝達でもなければ、教育活動でもない。プロパガンダは聞く者の視野を広げ、心を開くものではなく、その逆に視野を狭めることを狙ったものである。自由なコミュニケーションによる対話、双方向的なメッセージの交換（「対話」）ではない。プロパガンダの暗いイメージを払拭し、より普遍的なコミュニケーションによる善なる概念としてとらえ直したものがニュー・パブリック・ディプロマシーと言ってもよい。

## ソフト・パワーと国家ブランド——信頼される国の証

そこにナイの言う「ソフト・パワー」の議論が注目を浴びる理由もあった。ソフト・パワーという言葉は、広報外交の政治戦略的な色合いを薄め、より非強制的、自発的な形での影響力を意味するからである。ジョゼフ・ナイの著書（『ソフト・パワー』日本経済新聞社、二〇〇四年）によって有名になったこの言葉は、「軍事力や経済力のような手段を用いて相手国を強制することなく、自国が望むものを他国が望むようにする力」と定義された。具体的には「魅力的な文化」、「政治的な価値」、「正当で敬意を払われるべき外交政策」である。

こうした発想はアメリカ以外の国においても用いられた。ブレア英国首相が提唱した「クール・ブリテン」は、イギリスのイメージアップと英国ブランドの海外宣伝という意味を持った。9・11以後、イスラム原理主義との戦いにおいてこうした政策は一層注目されるようになったが、日本でも小泉内閣の下で「クール・ジャパン」のキャンペーンとともに、にわかにソフト・パワーやパブリック・ディプロマシーという言葉が脚光を浴びるようになったのである。イギリスはその後、芸術・スポーツ・観光などあらゆる分野を包括した「グレート・ブリテン」キャンペーンを実施している。

星山隆「日本外交とパブリック・ディプロマシー――ソフト・パワーの活用と対外発信の強化に向けて」（財団法人世界平和研究所、*IIPS Policy Paper*, June 2008）はこのテーマをコンパクトにまとめ、諸所に鋭い指摘が見られる好論文であるが、星山はここで簡潔にパブリック・ディプロマシーとは、要すれば「自国の持つソフト・パワーを活用して、国際世論に影響を与え、自らに有利な国際環境を形成すること」と定義している。おそらくこれは学問的な定義論争からすると、言葉の一面的な説明にとどまっているであろうが、日本外交を論ずるに当たって現場に近い立場から当を得た説明になっている。ナイの分類では経済力はハード・パワーであるが、星山は「経済力」としてODAなどもソフト・パワーと解釈する。

よく似た用途の言葉として「国家ブランド戦略」という言葉もある。ここではそれは新しいパブリック・ディプロマシーとは区別して使いたい。新しいパブリック・ディプロマシーと国家ブランド戦略は相互関係を持っているが、同義語ではない。もともと「国家ブランド」という言葉は商品市場の販路の追求という明確な目的を持っているが、パブリック・ディプロマシーはそのようなはっきりした目標を持っているわけではない。それに「国家ブランド」の概念は国家アイデンティティの強化を意味したり、その国の自己イメージの再編につながる。パブリック・ディプロマシーはそのように国家アイデンティティを相手国に押し付けることが目的ではない。円滑な国際関係を維持することが目的なのである（Jan Melissen, *Ibid.*）。

フランスが世界に高級でハイセンスなイメージを与え、それが外交全般に好影響を及ぼしている事情について本職の外交官がリアルに論じた著作として、平林博『国家ブランド』がある。日本の得意な分野をものや概念（コンセプト）で表現して、日本そのものについての好イメージを定着させていき、日本という国家そのものをブランド化して付加価値をつけていくこと――日本外交に参考になるのはこうしたアプローチであると思う。結局、そのような強制力ではない人間の心理に訴える影響力の行使が可能になるということは、その国家が国際的に高い信頼を得ているということである。文化外交が成立し、国家ブランドが評価されることは、国家に対する信用が確立したということを意味する。その意味では、日本は国際的に大いに自信を持ってよい国であると言えよう。結局、ソフトパワーとは「良いイメージ」を自然な形で相手に伝え、根付かせるパワーであり、そのためには新しいパブリック・ディプロマシーに訴えることが有効であるという議論となる。

### 「多極化」の中での日本の文化外交の重要性――「スティッキー・パワー」という新たな概念も

第二章で見たように日本は戦後、平和立国としての外交を展開してきた。筆者自身は冷戦後の日本外交はグローバル・プレイヤー(パートナーにとどまらない)として、見識と行動力を世界に示すべきであると考える。アメリカや、国連の決定に従って協力者(パートナー)となるというだけの存在から、自ら主体性を持って国際秩序の形成に参加し、貢献していくことである。しかし基本的に日本外交が目指すべき方向は、ハード・パワーの行使そのものによって影響力を行使することではない。高い知見に基づいた外交政策提言やヴィジョンを示すことに日本の存在意義を示すべきだと考える。

改めて言うまでもなく、日本には強制的な形で相手国にこちらの意思を実現させる手段がそれほどあるとは言えない。経済力と科学技術力は依然として日本に対する信頼感を他国に与えているが、かつてほどではない。それは明らかであろう。ODAの額を見てもそれは明らかであろう。それに経済・技術力による利益とは比較優位によるものである。グローバル化の今日、その比較優位性を維持する時間はどんどん短くなっている。世界は短時間で同じ技術や同じスタンダードの生産活動が可能になっている。防衛力は予算ベースで言えば、世界第六番目であるが、それはあくまでも敵の攻撃を瀬戸際で押し返す能力としての意味でしかない。国際政治学では「拒否力」と言われるものである。

日本が外国に与えうる直接的な影響力の手段は次第に限定されてきていると言っていいだろう。その意味で、筆者はあえて「文化外交」の重要性を主張したい。第一章で述べたようにフランスではパブリック・ディプロマシーという言葉よりも「影響力の外交」という言葉で表現されている。さらに総称的に「文化外交」という言葉を用いている。パブリック・ディプロマシーについては先述したようなアメリカ主導の方向があり、フランスのような歴史・文化を世界的に認められている国にとってはその方がはるかに威信が増すからであろう。そのような意味では、価値観や行動様式を伝えることによって日本を理解してもらい、存在感を認知してもらうことにもっと努めるべきである。フランスの外交専門家と話していて具体的内容は違っても、歴史の古さ、思弁的文化を大切にする点など、文化外交を考える前提条件が日仏で一致していることがよくある。学ぶところは多いはずである。

ソフト・パワーに加えて、スティッキー(sticky)・パワーも指摘される(Mead, 2005)。わが国ではあまりなじみのない言葉だが、スティッキー(粘着性のある・くっついた)の意味は「経済効果に結び付く魅力」を意味する。一旦味わったら病み付きになり、容易に止めることができないような力を持つことを指す。たとえば、戦後自由貿易体制の下で独自の嗜好品やコンテンツを売り込んでいったアメリカの例が挙げられる。いわゆる「アメリカナイゼーション」の時代のことである。コカコーラやポップコーン、ハリウッド映画、ジャズが世界各国を席巻した。日本では敗戦コンプレックスもあって「アメリカ＝自由・豊かさ」などのポジティブな側面が強調されがちであった。

今日、日本でこれに相当するものがあるとしたら、「クール・ジャパン」の代表である日本食、アニメ、ＴＶゲームなどであろう。

主に文化・コンテンツ産業分野の議論であるが、文化外交は文化・コンテンツ産業の輸出振興策と結び付く。それが経済効果にとどまらず、海外の人々の日常生活に至るまで日本的価値を理解し、受け入れてもらうことに寄与するならばそれは文化外交の一端と言えよう。一見伝統文化とは違うポップ・カルチャーの中に、わたしたち日本人が気がつかない「日本的な部分」を海外の人々は多く見出しているのである。この点を軽視してはならない。

広い意味での文化外交の目的として、ロッド・フィッシャーによれば、①文化外交の振興、②文化関係の発展、③文化財輸出と創造産業支援、④新しいパートナーシップ協定締結の促進、⑤観光・投資の誘致、⑥南の諸国への援助プログラムの改良、⑦ポジティブで、情報十分な、好意的なイメージの育成の七つが挙げられる（Fisher, 2008）。

今日の文化外交は、補完し合う二つの新しい方向に発展している。それは、新たな主役の登場である。新たな主役としてのアジア、特に中国の台頭は、「孔子学院」の著しい発展に見て取れる。また、韓国をはじめ、インド、インドネシア、ベトナム、マレーシアなども文化網の拡大、文化外交に目を向けている。科学の分野でも、ＯＥＣＤが新たなプログラムを展開し、気候変動、食の安全、エネルギー、感染病など、多国間で取り組まれるべき新たな世界的課題が指摘されている。ユネスコがリードしてきた「文化の多様性」の国際的な潮流は、文化外交面での「多極化」の状況をもたらしている。

## 日本の立場を正しく伝えるためのツール――ソフト・パワーの重要性

日本外交にとって、ソフト・パワーが今後一層重要性を増していくことは間違いない。しかし、ソフト・パワーは即効性のあるものではない。それは本来ハード・パワー（軍事力や経済力）の基盤があってこそより有効なものである。またハード・パワーは、ソフト・パワーの助けを借りてその効力をよりスムーズなものにすることができる。両者は相互補完的な関係にある。軍事戦略だけの話でもなく、ソフト・パワーと言うとクリーンで平和的な文化外交という単純な分け方ではない。そうした二者択一的な考え方から、もう一歩踏み込んだ発想が必要である。

それは昨今の日本を取り巻く周辺環境を見ても明らかである。冷戦終結以後の国際情勢の変化の中で、日米同盟のあり方はますます世界的視野の中でとらえられるべきものとなっている。そして昨今の日中・日露・日韓関係の軋みを前にして、日本防衛・警察活動の自助努力の強化と、それを支える防衛・安全保障観の変化を望む声が一層高まっている。こうした傾向を危険視する立場についても十分に考慮しなければならないことであるが、他方で多くの国民が今のままでよいと思っているわけでもない。国際社会の重要なアクターとしての日本の役割まで含めて考えるとき、米欧間では防衛・安全保障分野での議論はいわゆる「戦争の議論」を前提としているのではなく、紛争防止・平和構築に論点の中心があるという国際的な文脈も理解しておく必要があるだろう。つまり軍事力というハード・パワーを使わずに済む方法の模索である。

その意味では、二〇一〇年の新安防懇（首相の懇談会「新たな時代の安全保障と防衛力に関する懇談会」）の報告書に盛られた、武器輸出三原則や専守防衛・集団的自衛権の新たな解釈の可能性は、他方での「平和創造国家」の目標実現の努力と対になっていることを忘れてはならない。さもなければ、結局は状況対応的な防衛強化論になってしまうであろう。そうした場当たり的で拡張主義に陥る可能性のある防衛政策に対する懸念が多くの国民の気持ちの中にあるのも同時に真実である。路線の修正をしていくなら、自国民と周辺諸国を説得しうる長期的視野からの日本外交のヴィジョンを明示していく行為を相伴っていなければならない。

いずれにせよ、近隣諸国との関係については、信頼醸成をいかに高めていくのか。ポイントはそこにある。しかし信頼醸成の育成は一方的に進めることはできない。それは相互依存の論理を前提とするからである。信頼関係が外交の基盤にあることは改めて言うまでもない。

そのためには第一に、日本の立場について、きちんとした形でわれわれ自身が周辺諸国に納得してもらえるような説明ができなければならない。日本の立場を真に世界的文脈の中で考え、自分の言葉で説明していくことが不可欠である。しかし実際には、日本の主張を理解し、受け入れてもらう下地が海外でどこまで構築されているのであろうか。日本外交の海外での発展の基礎固めはどれだけできているのか。そのためにこそ広報文化外交が存在する。特に人物・知的交流の持つ意味は大きい。

文化行事には一般の人々ばかりか、政界や財界も関係することが結構ある。そうした中で日本の理解者を一人でも多く創っていき、日本のために尽力してもらう。日本関連の親善団体や営利団体に関わってもらう人が多ければ多いほど、それは日本外交の大きな一助となることは間違いない。

尖閣諸島周辺での中国漁船の領海侵犯をめぐって、民主党政府が自民党政権下のそれまでの対中政策の変更と解釈されるメッセージを中国に対して心ならずも送ってしまったことや、その後の事態収拾の過程においても適切なコンタクトパーソンがいなかったことなどは、海外での日本外交の基盤の脆弱さを示していた。人物交流などを通した意見交換、たとえば民間あるいは「半民間（トラック・ツー）」という、より一般的なレベルでの関係は文化外交の基本でもある。

世界的に見た場合に日本の人気は低くない。この現状を受けて「平和創造国家」「平和的文化の国」としての「ジャパンブランド」の定着は緊急課題である。当面の対応と同時に、日本外交の下地を強固にしていかねばならない。それには機は熟している。文化外交のさらなる強化発展が望まれている。そして本書冒頭で述べたように、価値観こそが文化だとすると、人物交流を通した広報活動の効率化を論じるとともに、文化外交そのものの意味とその活性化について、もっと議論していく必要がある。

周知のようにアジアはもちろんフランスを中心に欧州でも日本の文化は大人気である。「オタク」「カワイイ」などの日本語はもはや万国共通と言ってよい。パリでも日本人歌手のコンサートでは、熱心な観客が立ち上がって踊りながら日本語でアニメの主題歌を歌う風景も珍しくない。日本のコスプレ・ヤングファッションの店もある。また、後述するように（第四章）日本食はフランスの食文化の中に根づき始めている。

## 第三節　日本の文化外交の歴史的盛衰

### 国際文化外交の曙

ここで日本の国際文化外交の歴史をひもといてみよう。用語の問題であるが、物産展への参加は今日流に言うと国際交流と言ってもよいが、江戸幕府にせよ、明治政府にせよ、明白な政治目的を持った国策であった。その意味では「外交」と考えた方がよい。明治以来の国際交流の開始以来、お雇い外国人の受け入れと数度にわたる海外使節団の派遣や万国博覧会への参加を通して、江戸末期の幕府と明治政府は米欧の科学技術・文化の摂取と日本の対外広報活動に腐心した。

一八六二年の第二回ロンドン万国博覧会に幕府派遣の竹内下野守保徳・使節団の一行三八人が出席したが、一行は漆器を中心に、陶器、刀剣などの日本の物品が展示されていたことに驚いたという記録が残っている。これが日本人が万国博覧会を経験した最初である。一八六七年パリ万国博覧会には徳川慶喜の弟、昭武を代表とする使節団が正式に派遣された。

明治新政府はこの万国博覧会の出席に強い意欲を見せ、明治六（一八七三）年にはウィーンでの万国博覧会に参加した。陶磁器や織物などの美術工芸品を中心に、名古屋城の金の鯱鉾や鎌倉の大仏を模した張り子の大仏、五重塔の模型、大太鼓や大提灯などが全国から出品された。日本から大工も送り込み、会場内には神社と日本庭園を組み合わせたパビリオンを設置した（松村正義、二八頁）。

その後こうした大規模の国際展示会は毎年のように開催された。一八七五年メルボルン、一八七六年フィラデルフィア、一八七八年パリ、一八七九年シドニー、一八八〇年ベルリン、一八八一年アトランタ、一八八二年トリエステ、一八八三年アムステルダム、一八八四年サンクトペテルスブルグ、一八八五年ニュルンベルグ、一八八八年バルセロナ、一八八九年ハンブルグ、一八九三年シカゴ、一九〇〇年パリ、一九〇一年グラスゴー、一九〇二年仏領ハノイと続いた。日本政府はこうした博覧会を対外広報の絶好の機会と位置づけて、そのほとんどに参加した。

一八八九年、エッフェル塔が設立された第四回パリ万国博覧会にも日本は参加し、会場となったトロカデロ宮殿の庭に日本パビリオンが建設され、茶屋までできて大賑わいであった。このとき、芸術・文学・科学・経済・社会についての国際会議が開催されたが、その後万国博に並行して国際会議を開催することが恒例化された。一八九三年シカゴ博覧会のときには、同時並行して世界宗教会議が開かれている。日本からは、神道から実行教管長、仏教から真言宗中僧正、天台宗少僧正、臨済宗管長、真宗・禅宗・キリスト教の代表者が参加している。

幕末の不平等条約改正を悲願とする明治政府の下で、寺島宗則外務卿は「籠絡外交」＝「ロビー外交」を展開しようとした。井上薫外務卿の時代の極端な欧化政策は有名であるが、井上は外国人のジャーナリストや有力者を味方につけて、英語新聞などに親日的な記事を書かせたりもした。当時こうした活動は「外国新聞操縦」と呼ばれた。

## かつてもあった日本ブーム――ジャポニスムの時代

実はかつてフランスをはじめとして、ヨーロッパやアメリカに日本文化が浸透していた時期があった。ヨーロッパにおけるかつての日本ブームは、ジャポニスムという言葉で表現される。ジャポニスムという言葉を初めて使ったのは、フランスの美術評論家ビュルティ Phillipe Burty であった。現在、日本にこれを研究する学会もあり、この「ジャポニスム学会」は旺盛な活動をしている。その定義には諸説あるが、ここでは馬渕明子『ジャポニスム』（十一頁）にならって以下のように定義する。

「ジャポニスムとは、一九世紀後半に、ヨーロッパやアメリカの美術に与えた日本の影響を言う。影響は美術のすべての分野に及び、絵画、彫刻、版画、素描、工芸、建築、服飾、写真に広く見られ、さらに演劇、音楽、文学から料理に至るまで諸例が報告されている。」

影響はヨーロッパ・アメリカ・オーストラリアまで広がった。その終焉は第一次世界大戦前後の時期であるとされる。エキゾチズム（異国趣味）という点からは、一九世紀はじめ以来の広い意味でのオリエンタリズムの一環として考えられるが、約半世紀の間、西洋の伝統的な技術様式や価値観を覆す刺激をさまざまな分野で与え、やがてその役目を終えた。

ちなみに、似た表現としてジャポネズリー（Japonaserie）という言葉があるが、これは日本のモチーフを導入・模倣すること一般を指す。ジャポニスムはそれをより専門的に発展させたレベルであり、日本の技法の模倣、日本の美術から見られる原理と方法の分析と応用を意味する。最近の言葉では「ジャポネスク」という言葉に近いと思われる。

## 明代中国の衰亡と日本の陶磁器輸出

実は、日本の美術品は一九世紀以前にも西欧で出回っていた。西洋諸国に認められた日本美術と言うとわれわれは「浮世絵」と考えがちだが、実はその嚆矢は磁器であった。磁器はもともと中国で開発されたものであり、ヨーロッパ各地の王族や貴族はその購入者であった。

日本のこの分野への参入は、一六世紀後半に日本が朝鮮に進出した際に（豊臣秀吉の朝鮮出兵）、呼び寄せられた陶工たちによって中国風の有田焼が生産されるようになってからである。先にも触れたように、当時中国の磁器はヨーロッパの王侯貴族によって愛好されていた。ところが中国の明朝が滅ぼされて、磁器の輸出が停止してしまったのである。そこで中国の代わりに磁器を輸出し始めたのが日本であり、それは一六五〇年ごろのことであったと言われる。「古伊万里」「色鍋島」「柿右衛門」などの作品が生み出されたのもこのころである。一六五二年から一六八三年までの三〇年間に、約一九〇万個の磁器が日本からヨーロッパに送り出された。日本古来のスタイルのものばかりか、輸出用として西欧諸国の趣味に合った形や模様が重用された。今でもヨーロッパ各地のそうした高位の人々の城館には陶磁器館があり、大体が中国の陶磁器であるが、その中に交じって日本製の古伊万里などを発見することもよくある。

また漆器についてはキリスト教の宣教師たちの影響を受けた南蛮漆器が生み出され、教会の祭具などに使われた。祭具から日常の生活品にいたるまでの漆器は、東インド会社がヨーロッパへの輸入の仲介役となった。漆器（urushi）が日本の代名詞となり、それがジャパンと呼ばれたのは一七世紀の後半のことであった。しかしヨーロッパで白磁鉱が発見され、ドイツのマイセン、フランスのセーブルで技術開発が進み、日本や中国の写しの磁器生産が発展したため、日本からの輸出は減少していった（ジャポニスム学会、二〇〇〇年、一三〜一四頁）。

他方、浮世絵は木版の精巧な多色刷りの錦絵が開発されたのが一七五六年だったので、海外への輸出はずっと後になった。最初に海外に浮世絵を輸出したのは、長崎のオランダ商館長イサーク・ティツィングとされる（滞日期間一七七九〜一七八四年）。その後、オランダ商館医師として来日したフィリップ・フランツ・フォン・シーボルト（滞日一八二三〜一八二九年）は、北斎の作品をヨーロッパに持ち帰ったとされる。

### 日本美術品の輸出——林忠正とゴンクール兄弟

一八五四年に日本が開国してからは、大量の日本美術品が海外に流出するようになった。中でも本格的に日本美術品を収集し、持ち帰ったのはイギリス総領事として来日したラザフォード・オールコックで、一八六二年ロンドン万国博覧会への出品に大きく関わった。これがヨーロッパへの日本美術の公式デビューであった。その後在日公使となったアーネスト・サトウは、写楽の大首絵（人物画）二七点をはじめとする多数の浮世絵の名品をイギリスに持ち帰ったが、それらは現在大英博物館に収蔵されている。

こうした外交官の個人的趣味からの美術品の収集とは別に、直接日本で買い付けをし始めたのは、一九世紀半ばフランスのアンリ・セルヌスキーとテオドール・デュレらが最初である。その後、エミール・エチエンヌ・ギメ、ジークフリート・ビングらが、一八七一年から一八八〇年にかけて来日した。またアメリカのエドワード・モースは、腕足類の貝の調査のために一八七七年東京大学に迎えられたが、日本各地から四〇〇〇点を超える陶磁器を持ち帰った。イタリアから造幣局指導者として一八七五年に来日したエドアルド・キヨソーネは、肉筆浮世絵、版画、仏画、漆器、陶磁器、能面など一五〇〇〇点をイタリアに運んだ。

日本側からも幕末・明治のころから積極的な輸出姿勢が見られた。一八六七年のパリ万国博覧会では、江戸幕府は版画、掛け物、着物、蒔絵漆器、陶磁器など大量の展示を行い、閉会後出品物をすべて売却した。これは日本文化紹介の大きな機会となった。

一八七三年ウィーン万博では、明治政府が張りぼての鎌倉大仏、直径二メートルの大太鼓、高さ四メートルの大提灯を展示し、工芸品を中心とした物産は展示場所が足りないほどであった。会場には陶器、漆器、金細工、甲冑刀槍、浮世絵、名所図巻、和紙、材木、鉱物にいたる日本中の特産物が出品された。中でも、人気のあったのは神社境内を模した日本庭園、茶・扇子・団扇であった。会期終了後には物産品は完売したと言う。それほど人気を集めたのである。後述するが、日本の鳥居や園庭を模した演出は現在でもしばしば見られる。一八七八年パリ万博ではトロカデロ広場に日本の農家を模した住居が建設され、日本人の日常生活が紹介された。ジャポニスムの熱狂はこのころ頂点に達したと言われる。

日仏文化交流の曙に忘れてはならない人物がいる。林忠正である。いろいろな小説や随筆に登場するこの人物は、芝居のモデルにもなっている。林の働きなくしては、日本の浮世絵の普及も、今日のフランスやヨーロッパでの日本文化理解の浸透もなかったであろう。当時日本国内では批判もあったが、彼は浮世絵を世界に流布させ、日本絵画の評価を高めさせることに成功し、ついに果たさなかったが日本に最初の西洋美術館を建立しようとした人物であった。

林忠正は嘉永六年（一八五三年）、越中高岡の蘭方医・外科医長崎言定の二男として生まれたが、明治三年（一八七〇年）富山藩大参事（行政職最高位）の林太仲の養嫡子「林忠正」となった。上京後、村上英俊のフランス語塾「達理堂」に入り、その後明治六年に学制改革で改名した開成学校に就学したが、明治一〇年十二月中退して日本初の貿易会社起立工商会社に入社、渡仏した。

先にも述べたように、日本はウィーンの万国博覧会で大成功を収め、それを契機に政府は補助金一〇万円を支出して、輸出工芸品の企画制作・輸出を目的とする、日本初の貿易会社を創立した。社長は日本で初めて紅茶の生産に成功した松尾儀助、副社長はウィーン万博で工芸部門を担当した骨董商の若井兼三郎で、社名を起立工商会社とした。

林が渡仏した理由は、翌年に控えたパリ万国博覧会（一八七八年）に備えてであった。ウィーン、フィラデルフィア万博の成功に味を占めた日本は、トロカデロの丘を下ってセーヌ川を渡ったシャン・ド・マルスに日本館を建設した。日本館は隣の色彩豊かな派手な中国館とは対照的な、木造の質素なものであったが、それがかえって簡素な美しさを伝えて、人々の目を惹いたと言われている。日本製の扇や行灯などを販売したが、それらは飛ぶように売れたという。異国情緒と珍しさから売れはしたが、西洋人の目にはいかにも安直な商品であったので、雑貨のような日本製品は「安物（パコティル）」と呼ばれた。

やはりトロカデロの丘を下ってイエナ橋に差し掛かるところに設置された日本の田舎屋は、陶製の噴水を持ち、盆栽を配した庭園内には茶室があった。大勢の客が訪れ、大好評であったという。こうした景色は今も、海外で日本文化と言うと、まず思い浮かべられるものであり、文字通り伝統的な精神を体現した日本文化であることは三世紀にわたって変わらない。

林はその後起立工商会社を一旦離れた後、また復職、その後三井物産に入社、さらに自ら美術商会を設立し（最初は骨董商若井兼三郎との共同経営による若井・林商会）、パリで美術商として多くの芸術家や政治家などと交流を図りながら活躍した。一八八四年に日本古美術の初めての体系的な紹介書である『日本美術』が日本美術愛好家ルイ・ゴンスの手によって出版されるが、この出版を手助けしたのも林であった。この当時、日本美術品の人気が高まっていたことは、八三年のパリの商業年鑑に「日本の物産」の部門で登録された店の数が、日本美術収集家のビングや三井物産をはじめとして十七店に及ぶことからも明白である。日本の物産専門店は中国と日本の骨董品や物産を一緒に売っていた店も入れるとかなりの数になったと考えられる。

林はその後独立起業し、パリのヴィクトワール通りの店は各部門ごとの部屋に分けられており、美術館のような装いを整えていたという。フランス美術界・文学界の知識人にとどまらず、在仏大使を含む多くの人々と付き合い、サロンを主催するひとかどの美術商であった。大量の浮世絵版画を売買し、文筆家ゴンクール兄弟（有名な文学賞ゴンクール賞の創始者として知られる）などとも知り合った。ゴンクールは『歌麿』（一八九一年）と『北斎』（一八九六年）を刊行したが、それを林は大いに支援した。林忠正については、木々康子（二〇〇九年）、林忠正シンポジウム実行委員会（二〇〇七年）など文献は多数ある。

## フランスで発展したジャポニスム

本節のはじめにふれたヨーロッパでのジャポニスムの発展は、フランス人の貢献によるところ大である。フランス人が日本の美術品に高い評価を与えるようになったのは一九世紀半ばである。一八五一年にはゴンクール兄弟が小説『一八〇〇某年』で日本美術品に飾られたサロンを描いている。したがって一八五二年に第二帝政期に入ったころには、すでに日本ブームのようなものがインテリの間で広まっていたということができるであろう。一八六七年のパリ万国博覧会のときには、すでに熱狂的な日本ファンがいたことが記録に残っている。

フランスで浮世絵が注目されるようになったのは有名な話だが、日本から送られてきた陶器の包み箱の詰め物に使われていた「北斎漫画」の芸術性に、版画家フェリクス・ブラックモンが関心を示したからだと言われている。これは一八五六年のことであった。この年はドソワ夫妻がパリに最初の日本美術店を開店した年でもあった。

よく知られているように、日本の浮世絵は印象派の一連の画家たちによって高い評価を受け、世界に知られるようになった。エドワール・マネの「エミール・ゾラの肖像」の背景には、日本の屏風が描かれている（一八六八年）。クロード・モネは第二回印象派展に着物を着た妻の肖像『ラ・ジャポネーズ』を出品、ドガやゴーギャン、ロートレックなども日本の美術に影響を受けた。日本人観光客がよく訪れる、パリ郊外のジヴェルニーにあるモネの家には相当数の浮世絵が飾られており、彼自身の関心がどれほど高いものであったかがうかがえる。この第一の日本ブームの時期は、浮世絵を代表とする美術品が評価を得た時期だった。

画商であり評論家、雑誌記者であったジークフリート・ビングは急速に拡大したジャポニスムの核となった存在だった。とりわけ一八八八年から九一年にかけて、仏・英・独の各国語で『芸術（的）の日本（Le Japon artistique）』という豪華雑誌を発行した。色刷りの図版を多く掲載し、浮世絵、金工、陶器から建築、歌舞伎にいたるまでの多様なジャンルを紹介した。その主たる目的は日本の美術品を愛好する層を拡大し、販路を大きくすることにあったが、日本を総合芸術のお手本として紹介し、ゴッホをはじめ多くの芸術家に影響を与えた。この雑誌の命名が『日本の芸術』ではなく、『芸術（的）の日本』であることには意味がある。つまり日本人の生活全体を「芸術的」と見る、高い評価が日本自体に与えられているのである。ジャポニスムはその後絵画ではナビ派、多色刷りの室内装飾としての版画、ポスター、アール・ヌーボーの陶器や建築にも影響を与えたと言われる。

一般にジャポニスムと呼ばれた日本ブームの時代は第一次大戦前後、少なくとも第二次大戦前までには終了したと言われる。戦争の足音が近づく中で、日本のイメージはよりアグレッシブなものへと変化していき、人気を失っていった。同時にその新鮮味も賞味期限が切れたのであろう。

## 日仏文化交流の発展――ポール・クローデルと渋沢栄一、バロン薩摩（薩摩治郎八）

日露戦争を前にした一九〇二年に設立された日露協会は、国策的な配慮から設立されたものであった。表向き不安定な両国関係の回復改善を図る意図からのものであったが、同年日印協会、日露戦争後の一九〇八年には英国協会が発足し、その後日英協会に組織改正されていった。

日仏の間には、一九〇九年新たに日仏協会が創設された。一八八〇年に設立された仏文会とその後の一八八六年に誕生した仏学会とが合併して改称したものである。その後一九二四年にはこの協会の学術活動を分離させた日仏会館が設立された。これは著名な詩人であり、駐日フランス大使を務めたポール・クローデルと渋沢栄一の発議によるものであった。また一九一一年には親睦団体として日独協会も発足している。

第一次大戦後のこの時期に、フランスでよく知られた日本人の名前は藤田嗣治と山田菊であった。藤田はエコール・ド・パリに属した画家であった。山田は日本領事とフランス人の間に生まれた女性であったが、一九〇八年から二三年にかけて日本で暮らし、文学サロンで活躍、日本の詩歌や昔話を仏訳し、『日本人の唇の上に』(*Sur des levres japonaises*, 1924)を最初に出版した。その後『障子』『政子』などを発表した。

一方、先述した詩人のポール・クローデルは『朝日の中の黒い鳥』(一九二七年)を著し、日本の伝統文化を論じた。このようにこの時代日本文化の愛好家の知識は向上し、その嗜好は美術だけではなく、文学の分野にも向かっていたが、特に俳諧が大きなブームとなった。一九二〇年には『新フランス評論』(*Nouvelle Revues Française*)が俳諧特集を行っている。エリ・リシャールの主催した『パリのイメージ』(*Image de Paris*)、一九二四年一〇・十一月合併号は芭蕉特集を組んでいる。松尾邦之助は『芸者のうた』『其角の俳諧』を出版した。石川啄木や北原白秋の短歌なども仏訳されていった。しかしこの時期においても日本文化に対する評価の基本は、ヨーロッパ近代とは異なった異国情緒的な関心からのものであった。さらにこのブームは、知識人を中心にした人々の間のもので、一般大衆になじまれるほどには至らなかった。メディア媒体の違いもあるが、今日のポップ・カルチャーの人気の比ではない。

この時代、パリを舞台に華やかに咲き誇った一人の日本人男性がいた。希代の放漫家であり、今なおフランスでの日本の誇りである「バロン薩摩」である。

バロン薩摩こと、薩摩治郎八の祖父薩摩治兵衛は典型的近江商人で、江戸末期に日本橋の呉服屋に奉公した後、木綿商として独立、旧幕臣による彰義隊が立てこもり江戸が騒然とした時期にも、一軒だけ開店していた。さらに西南戦争の折には木綿が品不足となることを見越して買占め、巨万の富を得たと伝えられている。

この日本一の木綿問屋の三代目として生を受けた治郎八は、幼少のころより学校になじめず、第一次大戦後の一九二〇年、一九歳の秋にイギリスに留学した。その後一九二二年の春にはフランスに渡る。そして豪奢な青春が開花するのである。薩摩治郎八は自前で乗用車を作らせて、家紋を入れ、美しいフランス人モデルと恋に落ち、颯爽とパリの社交界で名を馳せた。月に三〇〇〇万円という額のお金が湯水のごとく費消された。薩摩家二代目当主の父は自ら建築や温室栽培をよくする風流趣味の人で、そうした治郎八の「放蕩」に理解を示したのである。

ここで、薩摩治郎八のさまざまな武勇伝と優雅なパリでの生活は置くとして、治郎八が後世に残した偉業は何と言っても、パリ国際学生都市に今も残る「日本館」、俗称薩摩屋敷の建設（一九二九年）であった。パリ国際大学都市は、当時フランス文部大臣アンドレ・オノラが留学生のための宿泊施設の建設を提唱し、各国がそれに応じたものであった。この話を薩摩治郎八に持ってきたのは、西園寺公望の秘書松岡新一郎と外務省欧米局長（後の首相）広田弘毅であったと伝えられているが、薩摩家はこの建設に、現在の通貨価値にして一〇億円を超える資金を出した。同年五月日本館の開館式はドメルグ仏大統領、ポワンカレ首相らが列席した豪華な顔触れのものであった。その夜の大晩餐会はホテル・リッツで行われ、まばゆいばかりの衣装の婦人たちを前に、治郎八が一世一代、パリに見た一夜の夢物語であった。今でもこの建物には藤田嗣治の二葉の絵が光彩を放っている。

治郎八はこの一事を持って日仏関係の歴史に名前を残すことになったが、実際には在仏日本人美術家による「フランス日本美術家協会」結成への資金援助、同協会が行ったパリとブリュッセルでの三回にわたる展覧会への協力、岡本綺堂の戯曲「修善寺物語」のパリ公演、フランスのピアニスト、アンリ・ジル＝マルシェックスの日本公演の実現にも尽力した。両大戦間期の日仏文化交流に私財を投じて尽力した、西欧文化に心酔した一人の日本人の壮大なロマンがそこにはあった。

実は第一次世界大戦後の日本は、世界の「五大国」の一つとして国際的に高い評価を受けており、陸続と留学生がパリに押しかけた。エコール・ド・パリの風潮の真只中で活躍した藤田嗣治をはじめとして、多くの芸術家がフランスに渡った。フランスの魅力、文化力に惹かれてのことであった。すでにフランスは世界の「国家ブランド」のイメージを形成していたのである。そして国際交流を語るときに、すでに戦前のこのような蓄積があったことを忘れてはならない。

日本館は今でも「薩摩屋敷」と呼ばれ、日本人学生を中心にパリ留学生生活の拠点となっている。二〇一一年に一部改修したが、惜しむらくは館の老朽化によって次第に使い勝手の悪いものになりつつあることである。

## 第四節　経済大国から文化大国へ

### 国際社会での日本のプレゼンスの推移

日本人は第二次大戦の痛恨の経験から、海外との交流は戦後のものと考えがちだが、改めて言うまでもなく、第一次大戦では日本は戦勝国であり、五大国の一つとして、戦後設立された国際連盟の常任理事国であった。戦間期、経済は好況を呈し、対外的にも円が強く、当時ヨーロッパでの留学生生活は物質的に恵まれていた。このことからも、フランス人やヨーロッパ人の間で、日本という国の存在が認知されていたことは確かである。

第一次大戦後、左翼連合政権の首相となったエリオというフランスの首相がいた。彼は、欧州統合を積極的に主張していたが、その背景には「西欧の没落」(シュペングラー)という強いコンプレックスがあった。エリオはその著『ヨーロッパ合衆国論』の中で、「ヨーロッパはすでにその妹分である若いアメリカの一植民地のように見えてきた。(中略)日本がその全力と勤勉を発揮しているばかりでなく、これまで支配されてきた諸民族も台頭し満々たる反抗心に充ち、イギリスまたはフランスのみならず、全ヨーロッパに対しても挑戦の叫びを上げている」(E・エリオ『ヨーロッパ合衆国』鹿島研究所、一九六二年、二頁)と綴っていた。

日本の脅威論は、第二次大戦後の高度経済成長期、一九七〇年代にGNP世界第二位となってからのことだけではない。遠く遡れば、「黄禍論」もある。エリオの目的は第一次大戦後、疲弊した欧州諸国がアメリカに対抗していこうというのが趣旨であるが、アジアにおいて着実に力をつけている国として日本が認識されていた。たとえば、『武士道』で有名となった新渡戸稲造は国際連盟の事務次長を務めたが、その後を継いだのが杉村陽太郎であった。杉村は当時フランス人ドラモント事務総長の下で政治担当事務次長として、チロル、トリエステ、旧ユーゴ地域などでの地域紛争の調停にあたった。後に杉村はフランス大使となるが、日本という国の存在感をジュネーブにいて世界に知らしめた一人でもあった。そうした中でフランスを中心にジャポノローグたち（人文分野での日本研究者）は生き続けたのである。

### 戦後ヨーロッパでの日本のプレゼンスの増大

知り合いのフランス人と話すときによく冗談めかして言われたものだが、二〇世紀終わりになるころまで「日本という国はなかった（一般のフランス人の意識には日本に対するイメージがなかった）」と言う。しかし正確に言うと、日本の存在感がなかったというよりも、彼らの日常に日本という国が影も形も現さなかった、ほとんど無関係であったというのが事実であろう。そのような彼らの日常生活の中でも、日本が真にヨーロッパで存在感を示し始めるのは、日本が自由主義世界で経済第二位、ハイテク先進国と自他ともに認められるようになってからである。それは一部の知識人の異国趣味としての日本理解ではなく、電化製品や自動車などを通して彼らの日常に「日本」が明確に姿を現してきたことを示しているのである。

壊滅の危機に瀕した第二次大戦後の日本にとって、最大の課題は国家復興であった。幸いアメリカの復興援助の下、日本は高度経済成長に成功した。日本は戦後「吉田ドクトリン」と呼ばれた経済重視・軽武装の政策によって、安全保障上の負担を日米同盟の枠組みの中で免除され、経済産業発展に集中することができた。

しかし他方で、急速な経済成長に伴う海外貿易の拡大や、米欧諸国との一連の貿易・経済摩擦は日本に対する激しい批判を招いた。アメリカとの間では、繊維・鉄鋼・自動車・農産物（オレンジ・牛肉）をめぐって、またヨーロッパともビデオ・自動車をめぐる摩擦が一九六〇年代以後一九八〇年代まで繰り返された。ただし、こうした中で、日本の存在感は初めてヨーロッパの人々に本格的に注目されるようになった。

それ以前には、日本のプレゼンスは、つまり国際的な存在感はきわめて小さかった。それを示すエピソードとしてドゴール大統領の発言が有名である。戦後初めて国家元首として池田隼人首相がドゴール大統領と会見したときのことである。ドゴールは冗談交じりではあったのではあろうが、池田首相のことを「トランジスター商人」と揶揄したのである。ドゴールは米ソ等距離外交の枠組みの中で、中国を承認した大統領であったが、その言葉には同じアジアの国である日本に対する無関心ないし見下した感情が反映されていた。

六〇年代以後になっても、成長する日本のイメージはきわめてアグレッシブであることが多かった。好戦的と見られた日本人のメンタリティーに対する疑念はなかなか解けていなかった。かつてしばしば言われたことだが、産業の急成長で国内に公害が蔓延し、「ウサギ小屋」のような小さな家に住む働き者、ホンダのバイクに乗って、眉を怒らせたビジネス戦士というイメージが付きまとった。初期のマンガに対する暴力的なイメージへの反発の基礎には、そうした欧米人の日本に対するネガティブな意識があった。

日本見直し論は、世界的にはエズラ・ボーゲルの『ジャパン・アズ・ナンバーワン』や、トヨタに代表される効率重視の日本的生産様式の再評価などを通して次第にポジティブなものになっていくが、フランスでは「レギュラシオン」という経済学派の主張が学術的な立場からの「日本見直し論」となった。彼らは、日本の生産様式、特にトヨタ自動車生産に見られる効率性の追求に注目し、フランスはじめ欧米企業の旧態依然たる生産様式改善への教訓とした。日本的様式に学ぶ発想の転換を主張したのである。

こうして単に芸術や文学を通した対日イメージだけでなく、また第二次大戦の歴史的記憶からくるアグレッシブなイメージでもない、日本の社会経済生活と結び付いた新たな対日イメージが次第に作られていった。いわば従来のステレオタイプの日本人像に変化が見られるようになった。それが八〇年代以降の傾向となった。

それにはいくつかの理由があった。アメリカの核の傘の下であるとはいえ、日本の対外外交は戦後「平和主義」で一貫している。さらに、アジアではまだ国内政治社会情勢が不安定な国も多い。そうした中で欧米型ではないが、民主主義や市場経済が安定的に社会に定着しているという意味において、日本は欧米先進国と価値観を共有し、アジアにおいては最も信頼できる国なのである。そして冷戦終結後のバブル崩壊は、経済大国日本の攻撃的なイメージを緩和させることに貢献した。加えて、冷戦終結によって軍事・イデオロギー緊張は軽減し、経済のグローバル化はますますそれ以外の分野での国際協力の重要性も大きくしている。その点では戦後一貫して平和国家のイメージを伝えてきた日本の外交は有利な立場にあると言ってよい。

その関係でよく引き合いに出される話は、世界の日本の在外公館が長年配ってきた「生け花カレンダー」である。二〇一〇年分から、事業仕分け＝経費削減によって小振りになったが、華やかながらも自然な美しさの中に調和を保つ、生け花は世界の人々の目を和ませ、そこに日本人の自然観や平和と安定のイメージを言葉で語るまでもなく伝えてきたのである。範囲は広くないが、茶道も同様である。さらに小津安二郎や黒澤明の映画は日本的な生活感覚、人生観や美意識を伝えてきた。これらをさして第二のジャポニスムブームがあったとする見方もある（大園友和、二〇〇八年）。

### 日本ブーム――底辺と受け入れ層の拡大

世界第二位（現在は三位）の経済大国に加えて、先端技術分野で最先進国である日本の提供する文化は「近代的」なものである。つまり、侘び・寂びに代表される、それまでの「伝統的な日本文化」ではなく、家電・バイク・自動車・ビデオなどのより身近な生活に密着した分野での日本の顔が広まっていったのである。一九七〇年代以後、ホンダ・トヨタ・日産・ソニー・パナソニックは世界的なメーカーとなった。

その延長上に、任天堂に代表されるゲームソフト・DVD、またマンガ・アニメなどのコンテンツ分野での商品販路の拡大があった。同時に、それは日本のポップ・カルチャーの浸透であり、広い意味での日本文化・社会の関心層の拡大につながった。今では日本に対する好奇心と理解はかつてのように一部の海外経験の豊富な人々や有識者に限らない。異国情緒趣味を超えて、伝統とともに近代的文化・社会の建設に成功した国家の例としての日本のイメージが定着している。特に、若い世代に日本への関心が拡大したのが特徴である。

そして彼らにとって、日本のイメージはかつての戦争体験を経た世代のイメージとも、高度経済成長の時代のネガティブなイメージとも異なっている。マンガなどを通して、彼らにとって日本は平和で、近代化された多様な側面を持つ新しい社会のイメージがある。繊細で、細かい愛情や感性を持った国民として肯定的に受け入れられているのである。

筆者のパリ在任中、マンガ・アニメの見本市・コスプレ大会などで知られるジャパン・エキスポの記者会見後のレセプションで、「いつか日本に行きたい、日本は憧れの国だ」と筆者に語りかけてきた青年から、自分は「最近になって日本には歴史的伝統が豊富であることを知った。これからはそういった方面での勉強にも力を入れたい」と言われたときには、喜ばしかった。というのは、こうした日本のマンガ・アニメファンや「オタク文化」（この言葉はフランス語でもあり、国際共通語である）愛好者が、日本に本格的に興味を持ってもらうきっかけになることは大歓迎であるからである。

## 第五節　多様性と総合的理解

### 高級リゾート地、モナコでの総合日本展——サムライからマンガへ

二〇一〇年夏に、モナコのグリマルディ・フォーラムで日本展「京都・東京——サムライからマンガへ」が開催された（七月一四日～九月一二日）。このフォーラムは、モンテカルロの海岸沿い、絶好のロケーションに恵まれた四〇〇〇平米の規模を持つモナコ公国が誇る大型多機能会場である。会場の向かいには日本庭園もある。

この会場では毎年七月初めから九月にかけて大展覧会を開催する。世界の富豪が夏のバカンスを送る地中海の小さなタックスヘブンの公国主催の展覧会であるから、それなりの展示を企画しなければならない。日本展決定が決まった二〇〇八年秋に、ビアンケリー同フォーラム事務局長・外務大臣夫人が筆者のオフィスを訪ね、協力を求めてきた。開口一番「お金は問題ではありません。良いものを持ってきたいのです。」と言われ、さすがにモナコであると筆者も妙に感心した。アジアの国としてはすでに中国展がそれまでにも実施されている。

そしてこの展覧会場が開館一〇周年記念の招待国に選んだのが日本であった。その前年二〇〇九年はロシア「ロマノフ王朝展」という壮大な規模の企画であった。それは「よくぞこれだけのものを集めた」と敬服するばかりの贅を尽くした展示会であった。皇帝戴冠の王冠とガウンが所狭しとばかりに、ウィンドーに何十着も並べられていた。ファッションショーのフィナーレでモデルが全

員ステージで横に整列したように、ガウンが並んだ風景は壮観ですらあった。

日本展の特徴は何と言っても第一に、日本文化の多様性を網羅し、全体像を提示しようとしたところであった。六〇〇点にも及ぶ作品が日本だけでなく、ヨーロッパ各地の美術館や個人収集家から集められた。「京都から東京へ」という標語のコンセプトは、日本社会が近代化する中でその中心が西から東に移っていったことを意味すると同時に、日本の伝統文化の近代化を象徴する東海道はその意味で文字通り東西の日本文化の主要幹線である。

会場入り口は少年忍者「ナルト」の大きな人形が入場者を迎える。そして入り口を入ると、この種の展覧会によくある、明りを落とした暗い空間に不動明王の像が浮かび上がる。日本ではやや怒気を含んだ表情が厳しい緊張感を伝えるのが常であるが、薄暗がりに浮かび上がった不動明王像は美しかった。入り口そばの左手の部屋には金屏風、洛中洛外図屏風など数点の屏風が飾られ、如意輪観音像、曼荼羅図、尾形光琳の団扇絵、そして数々の能面が並ぶ。その奥には「サムライ」のコンセプトを体現したセクションが設けられていた。数点の鎧兜、平家物語の屏風絵、平清盛ら屏風絵の人物の武者人形が所狭しと並べられていた。背景には大きなスクリーンいっぱいに黒澤明の「七人の侍」が映されている。そして他方のコーナーには仮面ライダーの歴代の数十点に及ぶ仮面。日本の歴史と現代の「戦士たち」の大集合という意味のようだ。

そのコーナーを過ぎると、東海道に入る。つまり西に文化の中心があった平安時代＝貴族の時代から東に移動して完全に武士の時代、そして江戸時代に入る。バーチャルリアリティによる画面の江戸城と江戸の町。さらに戦後の東京オリンピック、新幹線、ゴジラが東京の街で暴れるフィルムが映写されている。広重ら浮世絵コーナーの向こうには、水木しげるの「妖怪道五十三次」の一連の原画が東海道の道を象徴するようにウィンドーケースの並びをうねらせて展示されている。遠景には富士山を模った輪郭線を描くようにして小さなライトが配列される。

ダンボール建築の坂茂と丹下健三の二人の著名な現代建築家の模型と映像、手塚治虫の「鉄腕アトム」のテレビフィルムと「クランプ」、「NARUTO」、「ドラゴンボールZ」などの一連のマンガの原画がそれぞれのコーナーを持ち、そのスチールが並ぶ。現代アートの村上隆、タカノ綾のフィギュアや彫刻が並べられ、最後には百点近くのロボットの模型がそろえられていた。

## 多様性の中の統一性——日本文化の魅力の全体像理解の試み

ジャパン・エキスポとモナコの日本展を比べてみると、違いと共通点は明らかだ。ジャパン・エキスポは日本のポップを主体として、いわゆるコンテンツ分野を主体とする展示である。コマーシャリズムが前面に出ている見本市である。この種の企画は同主催者SEFAが秋に実施するもっと小規模の「Chibi Japan」や別の業者による「パリ・ジャポン」などがある。他方でモナコの方は文化啓発が第一の目的であり、日本文化の総合的な理解に重点があり、マンガ・アニメはその一部である。

二〇〇九年、フランス中西部のクレルモンフェラン市で開催された国際農業見本市の招待国は日本であった。この会場には農相、元大統領ジスカール・デスタンの子息なども出席した。一〇〇〇平米ある会場には鳥居と狛犬、朱色の太鼓橋が設営され、神社境内の雰囲気をかもし出していた。

縁日の屋台風に並んだ着物や小物類、米・漬物などの販売店はまさしく日本のイメージである。同時に、主催者がどうしても造りたかったというコーナーは、特攻隊で有名な知覧基地の写真などを飾ったコーナーであった。もちろん東京の秋葉原はじめ都心の風景、富士山などの観光名所の写真、マンガコーナーもある。初日のオープニングは和太鼓のコンサートであった。

一九世紀の万国博覧会に国運をかけて政府が出展した日本展示も、こうした日本文化総合展の趣を持ったものであった。しかし今日の日本文化は当時の民芸・美術にとどまらず、ハイテク（ロボット・ジャパンカー・オーディオ）、ポップ、マンガなどの最先端分野を含む文化である。より普遍性の高い、広範なファンをターゲットにした文字通り世界的な文化に成長していると言っても過言ではない。

この種の総合展において、いずれの企画も日本文化がアニメだけで語れるとも、侘び・寂び、茶道・華道の伝統文化だけで日本の実際の日常を理解できるとも考えられてはいないことであろう。日本がトヨタ・ホンダをはじめとする高度な「ものつくり」の国であることを誰も疑わないし、経済大国・技術大国、ハイテクの国であることも皆周知のところである。日本文化の理解はその多様さ、豊かな感性や文化的土壌を総合的に理解して初めて可能であるというレベルにまで来ているのである。

筆者は、前述したように「他国の人が自発的に自国に対して好意的な対応をする力」であるソフト・パワーとは、「良いイメージをメッセージとして伝えること」だと考える。文化外交の重要性についての原則論的にはたいていの人が賛成であろうが、その効力や使い方についてはさまざまな議論がある。しかし実際には、その真の意味での理解度は十分ではないにしても、日本の文化が一部の親日家の域を超えて広く一般に受け入れられる素地が今世界でできようとしている。

しかし先に述べた日仏一五〇周年のときのような大規模な伝統美術・工芸の本格的な展示会はなかなか容易ではない。したがって、一般にはもっと簡単なコストのかからない形で日本の展示や紹介行事が行われる。当然、一般に親しみやすい文化行事と言うと、ポップ・カルチャー(ここでは言葉の正確な意味としての「大衆文化」。アニメ・DVD・ポップ・ミュージックなどのいわゆる「コンテンツ産業」に加えて、華道・茶道・武道など部分的に伝統文化も含む)の分野が強い。

今、世界で日本を大規模に紹介するイベントは、外務省の各大使館の報告による調査だけでも、来訪者の数が一万人を超えるレベルで数十件ある(一四五頁表参照)。また数百人規模のものまで含めると、二〇一〇年だけでも四〇〇件以上の日本が主要な参加国となるイベントが行われた。

アジア諸国の中でもインドネシア・タイ・マレーシア・中国などが盛んであるが、北米・中米でも多くの日本関連のイベントが開催されている。特にアメリカではイベントの数が一国だけで七〇件あまりを数えるし、ブラジルでも二〇件あまりのイベントの報告がある。ヨーロッパでもイギリス・イタリア・スペイン・フランスなどでも若者向けのポップ・カルチャーを中心とした日本文化は大人気である。

インドネシア・日本文化祭(バンドン)、Anime Festival Asia(AFA)(シンガポール)、Japan Festa in Bangkok by Mainichi(バンコク)、中国国際動漫祭(浙江省杭州市)、香港動漫電玩具節、アルマゲドン・エキスポ(ニュージーランド)、ルッカ・コミックス&ゲームズ(イタリア)、マンガサロン（バルセロナ）、ジャパン・エキスポ（Japan Expo）（パリ）、オタコン・Anime Expo・コミコン（いずれも米国）、Anime North（カナダ）、SANA（ブラジル）などでは、日本が重要な存在となる。その多くは、アニメ・DVD・テレビゲーム・Jポップ・カラオケなど若者向けの領域を中心として、武道・茶道・書道など日本の伝統文化を伝達する、「祭り形式の」参加型見本市や展示会である。

変わったところでは、サウジアラビアで行われたアニメコスプレがある。いずれも二〇～三〇人規模の小さなイベントであるが、宗教上の理由から、参加者は女性に制限された。日本のマンガが海外で浸透した一つの大きな理由には、それが男性だけでなく、少女たちをターゲットにしたものでもあったからである。少女マンガというのは日本の発明であり、アラブ諸国のように女性の自由が制限されている国にまでファンは拡大している。

表1：10000人以上が参加する日本関連文化行事（2010年外務省調査）

| 国名 | 名称 | 動員数(概算) | 内容 |
|---|---|---|---|
| インドネシア | インドネシア・日本文化祭 | 10,000人 | 盆踊り，コスプレ大会，J-POPバンド演奏，餅つき大会，インドネシア伝統楽器演奏，舞踊他。 |
| シンガポール | Anime Festival Asia (AFA) | 50,000人 | アニメソング，コスプレ，関連講演会，物品販売等，総合的にアニメを紹介するイベント |
| タイ | Japan Festa in Bangkok by Mainichi | 30,000人 | タイ人およびタイ国在住日本人を対象に，参加者が日本の伝統文化と芸術，ポップ・カルチャーを通じ日本への理解を深め，また，タイ人と日本人との友好を図ることを目的とした日本関連イベント。音楽，ファッション，ダンス，コスプレ，マンガ，アニメ，日本食など幅広い分野に渡って日本の魅力を紹介。毎年1回，8～9月に2日間にわたってパークパラゴン広場にて開催。またイベントのハイライトとなっているカバーダンスチームは100組以上から公開オーディションで選ばれた約20組が「カバー・オブ・ザ・イヤー」を競って出場。またタイの大学生によるテーマに沿ったブース出展もある。入場無料で動員数は1日1万人を超える。 |
| 中国 | 中国国際動漫祭 | 600,000～800,000人 | アニメ見本市，アニメ投資プロジェクト署名式，アニメ人材ジョップ・フェア（求人情報提供），中国アニメマンガ博物館竣工式，コスプレ大会，「美猴賞」アニメ作品コンテスト，「天眼杯」少年マンガコンテスト，企業向け謝恩会，著名アニメ・マンガ作家によるサイン会，12か国のアニメフェア事務局が参加する国際フォーラム，「アバター」等のヒット作品制作者招待等。38か国300企業が出展（2010年度）。 |
|  | 香港動漫電玩具節 | 640,000人 | 出展ブースによるマンガ・アニメ・ゲーム・キャラクターグッズ・フィギュア等の展示・販売のほか，日本人アーティストによるコンサート，コスプレショーなどステージパフォーマンス。 |

| | | | |
|---|---|---|---|
| フィリピン | HERO Nation | 10,000人 | 各種コンテスト（コスプレ，音楽，アニメ吹き替え等），アニメ製作ワークショップ，アニメ関連製品ブース等。 |
| 豪州 | Animania Festival | 15,000人 | アニメ，マンガ，コスプレ等に関するステージ，コンテスト，展示販売等。 |
| ニュージーランド | アルマゲドン・エキスポ (Armageddon Expo) | （1）ウェリントン：15,000人<br>（2）クライストチャーチ：10,000人<br>（3）オークランド：40,000人 | アルマゲドン・エキスポは，ゲーム，アニメ，SF，TV・映画スターに関する総合エンターテインメントイベント。1995年からオークランドで，2001年からウェリントンで，2007年からクライストチャーチ，メルボルンで開催されている。字幕付き・吹き替えの日本のアニメも上映されるほか，コスプレコンテストも開催されている。2010年4月，ウェリントンおよびクライストチャーチ開催の際は，アメリカテレビドラマ『HEROES』（ヒーローズ），アンドウ・マサハシ役俳優，Jason Kyson Lee を迎え，アンドウ・マサハシのコスプレが披露された。 |
| 米国 | オタコン | 26,586人 | 全米で2番目に大きいアニメ・コンベンションであり，3日間にわたる。主に東アジアのポップ・カルチャーにフォーカスしている。アニメ映画上映，声優とのワークショップ，展示，コスプレ・ファッションショー，アニメグッズ販売などさまざまなプログラムを行っている。 |
| | Anime Expo | 延べ 100,000人 | 全米最大の日本アニメを中心としたコンベンション。昨年は4万3千人を超える入場者が参加。参加者の平均年齢層は22〜28歳。同 Expo がロサンゼルス市に及ぼす経済効果は400万ドルとも言われている。日本から毎年著名なアニメ作家やアニメ歌手，芸能人が参加している。開催期間は3日間で，入場者数は延べ10万人に及ぶ。 |
| | コミコン (Comic Con) | 延べ 120,000人 | 全米最大規模のコミック，映画のコンベンション。アメリカン・コミックのコンベンションとしてスタート。「崖の上のポニョ」のプロモーションをかねて宮崎駿監督が特別ゲストとして招待され，大きな反響を呼んだこともある。毎年，ハリウッドの有名スターや映画監督たちが参加し，メディ |

| | | | |
|---|---|---|---|
| | | | アで大きく取り上げられる。最近では，ゲームやTV番組も参加し，ますます集客力を上げている。開催期間は4日間で，入場者数は12万人以上。 |
| カナダ | Anime North | 148,000人 | アニメ・パーティ，Jロックコンサート，ダンス，アニメ展示，コミックマーケット，ゲームなどを開催。また，チャリティ・イベントとして，例年，小児病院への寄付金募集を実施（8万ドル程度）。 |
| アルゼンチン | Animate | 19,500人 | アニメ関係業者や出版社のブース，アニメ関係の講演，コスプレ・コンクール，アニメ上映。 |
| エクアドル | VB2 | 10,000～15,000人 | 本イベントは，グアヤキル市マレコン2000のクリスタルパレスと称される催事場で開催され，成功を収めている。手塚治虫氏を生みの親とするマンガの熱狂的ファンが多数おりVB 2の意図は，このアートを文化として紹介することである。優秀な展示者や等身大のモデル人形，50人を超す本格的コスプレーヤーたちの参加の下，生きた博物館が生まれることとなった。このほかにも，アートおよびイラスト，コミックおよびマンガ，アニメ，コレクション人形，舞台ジオラマ，コスプレ，ビデオゲーム，特別効果，サウンドトラック，映画などの展示あり。また，BUNKA KANと名付けられた日本文化紹介も行われ，書道，折り紙，着物，日本紹介フィルム上映，コンサートが実施された。外国の吹き替え声優の参加もあった。 |
| ブラジル | SANA | 50,000人 | 声優・アニソン歌手による公演，コスプレ，アニメ・ドラマの上映，アニメソングのカラオケ，TVゲーム，マンガ等のワークショップ，アニメ，ゲーム関係グッズの販売等。 |
| イタリア | ルッカ・コミックス&ゲームズ(Lucca Comics & Games) | 4日間で140,000人 | マンガ，アニメ，ゲーム，「Japan Palace」という日本をテーマにしたエリア（日本のマンガ，アニメ，和食，Jロック，文学などの紹介），ゲスト参加，座談会，マンガコンテスト，アニメソングコンテストなど。 |

| | | | |
|---|---|---|---|
| イタリア | ロミックス，マンガ・アニメ・ゲームフェスティバル(Romics, Festival del Fumetto, dell'Animazione e dei Games) | 4日間で75,000人 | マンガ，アニメ，ゲーム，ポップ・カルチャー，日本からのゲスト参加，映像上映，座談会，講演など。 |
| 英国 | MCM Expo | 40,000人 | MCMはMovie Comic Mediaの略称。もともとは14～25歳の男性をターゲットとした，ポップ・カルチャーショー。コミックが日本のマンガも取り込むようになり，日本の要素が拡大。現在ではコスプレファンも集う。現在の同ショーのメインはゲーム。日本のゲーム会社も小規模ながら多数出展。 |
| | London Film & Comic Con | 35,000人 | コスプレとアニメファンが集まるイベント。コスプレコンペ，カードやサイン販売，アート展示，ゲストの講演。 |
| スイス | POLYMANGA | 15,000人 | アニメ上映会，講演会，コスプレ等のコンテスト，マンガ・DVD等の販売 |
| スペイン | マンガサロン(Salon del Manga de Barcelona) | 70,000人 | スペインで最大規模のマンガ，アニメおよび日本文化フェア。マンガやアニメ関連グッズショップが出店，講演会，展示会，サイン会，カラオケやコスプレ大会，ゲームコーナー，アニメの上映会，日本文化の紹介，Jポップのコンサート，ワールドコスプレ・サミットのスペイン代表を決めるコンクールもこのマンガサロンで開催されている。最近ではJファッションにも力を入れている。 |
| | Expomanga | 40,000人 | バルセロナマンガサロンに次いでスペインで2番目の規模を誇るマンガ・アニメイベント。コスプレ大会がメインイベントであり，レベルも高い。会場内にマンガやアニメグッズの専門店ブース，カラオケ大会，日本文化の紹介事業，講演会，サイン会，ゲームコーナーなど。 |

| | | | |
|---|---|---|---|
| ドイツ | アニマジック (AnimagiC) | 15,000人 | コスプレコンテスト，吹き替えワークショップ，マンガ展示，アニメグッズ等の販売，日本食の売店，インターネットカフェ，舞台でのライブプログラム，フィルムフェスティバル，マンガコンテストなど。 |
| フランス | ジャパン・エキスポ (Japan Expo) | 160,000万人強 | 日本のマンガ，アニメ，音楽，ゲーム，ファッションなどを中心に紹介するイベント。コスプレショーなども行われている。日仏文化交流団体により，書道，折り紙等伝統文化を紹介するコーナーも設けられている。 |

## 第六節　目指すは「ブランド」としての日本文化

### ❖安定した「良いイメージ」――「日本ブランド」のイメージ

こうしたイメージの背景には、戦後の日本の繁栄と安定があった。今日の日本に対するイメージはわれわれの先人の努力の賜物でもある。

すでに本章第三節で述べたように戦後復興から経済大国への道を急速に歩んでいった日本の戦後外交は、憲法第九条に定められた戦争放棄、平和擁護の立場からする平和思想を背景としていた。戦後日本は第二次大戦の反省にかんがみ、時に「安保ただ乗り（free rider）」と非難されることもあったが、終始この立場を堅持してきた。日本人は平和的で、繊細で、細かい愛情や感性を持つ民族であることが次第に理解されてきている。

冷戦終結後のバブル経済崩壊は経済大国日本の攻撃的なイメージを緩和させることに貢献した。加えて、冷戦終結によって軍事・イデオロギー緊張は軽減し、経済のグローバル化はそれ以外の分野での国際協力の重要性をますます大きくしている。その点では戦後一貫して平和国家のイメージを伝えてきた日本の外交は有利な立場にあると言ってよい。

ＢＢＣワールドサービスが二〇〇六年十一月から翌年一月にかけて行った世論調査報告（二七か国の人々が世界の一三か国（二〇一〇年は一七か国）・地域が世界に与える影響をどう見ているかについての調査）では、日本の世界に対する影響が「肯定的」とする意見は五四パーセントでカナダと同率で最も高かった。次いでEU、フランスまでが五〇パーセント以上であった。二〇〇八年には五位、〇九年には二位、一〇年には第三位（五七％）だったが、常に高い評価を日本が得ていることに変わりはない。

また外務省のEU四か国（英独仏伊）での調査結果によると（二〇〇七年）、日本のイメージは「豊かな伝統と文化を持つ」という点で高い評価を得ている。反対に「軍事的な国」「警戒を要する国」という点ではきわめて低いポイントである。日本についてもっと知りたい分野としては「日本文化・芸能」（四〇％）、「科学技術」（三六％）、「歴史」（三四％）が高く、フランスでは特に「日本文化・芸能」（五六％）、「現代の日本文化」（五二％）への関心が強い。

他方で、アメリカでは（二〇一〇年調査）、「高い対日信頼度」（八〇〜九〇％）、「豊かな伝統と文化を持つ国」（九七％）、「アニメ・ファッション・料理など新しい文化を発信する国」（八二％）としてのポイントが高い。ASEAN諸国では（二〇〇八年）、「友好関係・信頼関係」は高い位置にあるが（九〇％以上）、日本に対するイメージとしてはその第一位が「科学技術発展国」（八六％）、第四位に「興味ある文化を有する国」（六九％）という評価が出ている。

こうした結果を見ても日本は文化そのもので勝負できる国になってきたと言っていいだろう。すでに第二節で指摘した、異国情緒趣味が芸術家や知識人の間で流行したに過ぎなかった「ジャポニスム」の時代と今日の日本文化ブームはまったく違う。

印象派、アール・ヌーボー、アールデコ、ジャズ、ハリウッド映画などは初め新興で、下品と評価され、社会・権威に対する若者やマイノリティの反発と批評された。それはまさしく「ポップ（民衆的）」だった。しかしそれらが時間を経て世界的な大衆の支持を得るようになると、次第に求心力を持つようになる。世界性を増し、時間が経つにつれて、それらの文化的価値は増幅されるようになる（中村伊知哉・小野打恵、二〇〇六年）。多くの人が関心を持ち、関わるようになると、技術やコンテンツに深みが増すのは当然なことである。ポップ・カルチャーの浸透を反映して、底辺が拡大し、日本文化は世界でその普遍性を認められつつある。文化を通して、日本という国がまさに「ブランド」になり、「発展した民主主義・先進工業国」として、「慎ましさ」「他人への思いやり」「繊細さ」など、米欧文化にはない新たな好イメージを伴うようになってきている。

## 国際文化交流から文化外交へ

### オールジャパンの国家ブランド戦略——広報文化外交の新たな模索

こうした取り組みは政府レベルでは「ブランド戦略」として追求されている。

ポストモダン社会において、他国と明確に差異化された国家イメージは影響力の源になる。消費者が商品に対してブランドという形で抱くイメージと同様なものとして、外部世界がある国に対して持つイメージを「ブランド国家」と呼ぶ（ピーター＝ヴァン・ハム）。

「国家ブランド」の概念を提唱し、イギリス外務省広報顧問を務めたサイモン・アンフォルトは「国家ブランド指数（National Brand Index）」を毎年発表している。これは世界五〇か国・地域について人々がそれぞれの国について抱くイメージを、①輸出、②ガバナンス、③文化、④人、⑤観光、⑥移住・投資の各項目・分野（指標）について調査し、各国のブランドを数値化した調査である。それぞれの指標についての質問の答えを、評価が「最低」の場合＝一、「最高」の場合＝七という数値を与え、集計し、平均したものを国家ブランド指数として数値化する。各国約千人規模で、二〇か国で実施する。

これによると、二〇〇八年はドイツが第一位、以下フランス、英国、カナダと続き日本は第五位である。日本は輸出指数では世界第五位、ガバナンス指数は一七位、文化・人・観光では八位、移民・投資指数は一〇位という結果が出ている。上位二〇か国には欧州・北米および日本というOECD加盟国が選ばれており、国家ブランドの強さが経済力と無関係ではないことを示している。

日本政府は二〇〇五年七月に小泉首相が設置した「文化外交の推進に関する懇親会」の報告書の中で、日本の文化や社会モデルを「二一世紀型クール」として提示した。伝統文化や現代文化を含む多様な日本文化を世界に発信する方向性を示した。

二〇〇九年三月、知的財産戦略本部のコンテンツ・日本ブランド専門調査会は「日本ブランド戦略」を発表。アニメ・ゲームのコンテンツ、食、ファッションなどを「ソフト・パワー産業」と位置づけて「日本ブランド」として戦略的に想像・発信することを明らかにした。その骨子は以下の通りである。

基本戦略

一．創造力の強化

戦略一　ソフト・パワー産業の振興〈クリエーターの活動の場を創出する〉

戦略二　創造基盤の整備〈創造を支える環境を整備する〉
二．発信力の強化
戦略三　外に向けての発信力強化〈ターゲット・方法を重点化する〉
戦略四　訪日促進等を通じた認知度の向上〈日本ファンを世界に広げる〉
三．体制の構築
戦略五　推進体制の構築〈官民挙げての日本の力を結集する〉

日本の場合、先行したのは観光立国を目指した動きであった。二〇〇二年一二月の国土交通省「グローバル観光戦略」や、二〇一〇年に訪日外国人旅行者数一千万人にする方針を示した小泉首相の施政方針演説（二〇〇三年一月）を皮切りに、観光立国懇談会報告書（二〇〇三年四月）、観光立国関係閣僚会議「観光立国行動計画」（二〇〇三年六月）、観光立国推進戦略会議報告書（二〇〇四年十一月）などが相次いでまとめられた。二〇〇四年 Visit Japan Campaign 実施本部が設置された。Yokoso Japan キャンペーンはその代表である。

そうした中で、法的な整備としては、観光立国推進基本法（二〇〇六年一二月）、観光立国推進基本計画（二〇〇七年六月）が制定され、二〇〇八年一〇月には国土交通省の外局として観光庁が設置された。

二〇〇六年に始まった海外交流審議会の答申などを受けて、政府は広報外交（パブリック・ディプロマシー）の具体的措置として、①日本語教育の海外での活性化（海外に一〇〇の教育拠点を創設、eラーニング（インターネットでの日本語教育）、日本文化ボランティアプログラム、日本語能力試験の改善など）。②伝統文化とポップ・カルチャーの活用、文化イベントの発展（アニメ大使、国際マンガ賞など）、③国際テレビ放送の拡大、④国際文化協力（文化助成プロジェクト・ユネスコや国連大学を介した協力）、⑤知的交流と知的リーダーへの情報提供（大学・シンクタンクへの支援、人物交流（JETプログラム、オピニオンリーダーの派遣・受け入れ、留学生三〇万人受け入れ））、⑥政策決定者への支援強化（さまざまな分野における、日本人専門家の影響力ある国際会議への戦略的派遣・日本人専門家能力構築の支援・日本での重要な国際会議開催）などを掲げた。

日本文化振興がオールジャパンの外交分野として取り組む急務の課題であることは、近隣アジア諸国の攻勢を考えても当然である。日本の比較優位が安泰という保証はない。フランス南西部アングレームでの国際BD祭でも、韓国・中国マンガのブースは以前から出展されている。日本マンガに比べると、評価はまだ低いということであるが、「アジアのマンガ」という一括りのジャンルができ始めている。

韓国は、二〇〇九年初めに大統領府直属の国家ブランド委員会を設立、開発途上国との経済発展経験の共有、学生交流、ハングル・テコンドーの普及などは「国家ブランド戦略」の一環である。他方、中国文化外交は「文化革命」以来のものであるが、ここにきて攻勢に拍車がかかっている。国営通信新華社がニューヨーク・タイムズスクウェアのビル最上階に入居したが、メディア攻勢はパリでも顕著である。NHKは二〇〇八年から英語放送を開始したが、パリでの中国語の番組はケーブルテレビで一〇局あまりを数える。中国は二〇〇八年十一月には地上七階、地下二階、ガラス張りの床面積四〇〇〇平米の新しい文化センターを設立。映画会・コンサート会場としてのオーディトリウム、開架式書籍・ＤＶＤなどの閲覧室、孔子学院中国語講座の教室を持ち、季刊誌を発行している。

日本は国際交流基金の世界最大の会館、日本文化会館がエッフェル塔を望む最高の立地条件の場所にある。後述するように、フランスの日本文化発信の本部として多種多様なイベントを企画してきた。しかしここ数年予算は毎年減額、事業仕分けの対象として俎上に上り、従来の会館基金が返上されたので、毎年の運営交付金に頼らねばならない状態となっている。

# 第四章　日本文化外交の未来

ジャパン・エキスポ2011
（図版提供：SEFA, Audrey Marchand）

# 第一節　フランスにおける日本語教育振興

## ◎日本語ブーム――憧れの国「ニッポン」

ある夜、知り合いとパリ一五区のレストランに入っていたときのことである。一五区は安全で、リーズナブルな価格の店が多い、庶民的な町である。気楽な格好をしたご近所と思しき人々でいっぱいの店内に、若いギャルソンが注文を聞きに来る。日本人だと判断して、われわれに日本語で話しかけてきた。メニューの説明を簡単にして、そのレストランにも日本人シェフが一人いると語った。

今日、パリと限らず、特に魚料理を出したりするフランス料理店では、日本人の料理人をおいていることが多い。魚の鮮度に合わせた調理具合や盛り付けに日本的な繊細さが生かされるのである。最初はメニューの説明だけかと思ったところ、この若いギャルソンは次第に込み入った話もし始めた。

最近の一つの傾向だが、日本語学習者の多くは日本のアニメやマンガを日本理解のイニシエーションにしているケースがある。このギャルソンもそうで、Jポップに憧れていずれ日本に行きたいということのようである。どこで日本語を勉強したのだと聞くと、学校には行っていない、インターネットとビデオで、独学で日本語を勉強したという。

あるとき、パリの高級街ヴァンドーム広場の近くを歩いていたら、若い男のジーンズに日本語が書いてあることに気がついた。長い足に即して縦書きで漢字混じり文が刺繍のように縫いこんである。「日本人の彼女を募集中」と読める。漢字は今世界中ではやっている。文字というよりもある種デザインの一つでもある。若い層に日本好きが多いのは、アジアだけではない。「クール・ジャパン（かっこいい日本）」はヨーロッパでも同じである。

文化の普及に言葉の教育は不可欠である。フランスがフランス語教育普及政策をとっているように、日本語の普及は急務の最重要な課題である。

## 日本語教育に熱心なパリの国立高等学校

パリ一六区にあるリセの卒業式に出席したことがある。パリの公立高校では評判の高いジャン・ド・ラ・フォンテーヌ校である。ブーローニュの森、スタッド・ド・プランス（パリのクラブチーム・パリサンジェルマンの本拠地のサッカー場）の側にある伝統ある高校である。一九三五年から三八年にかけてパリ市の城壁の一角に建設された同校は、国立高等学校である。同校は戦争中一九四四年八月にアメリカ軍営病院となり、戦後の四五年に再び高校として復興した。音楽教育に熱心で、多数の音楽教師が育っている。一九七四年には、エリート校パリ政治学院入学準備コースも設置されており、受験勉強も盛んなところである。

天皇陛下も来校されたという同校の校舎は高校の校舎とは思えないほど、洗練された大人っぽい雰囲気である。大きな鉄の扉を入っていくと、広い玄関ロビーのたたずまいが歴史を感じさせる。四辺形の校舎で囲まれた中庭は、光に満ち、シンプルな装飾が均衡の取れた雰囲気を醸し出す。

この学校の特徴の一つは、三か国語の学習コースがあることである。一九九〇年にフランス語、英語、日本語学習クラスを設置。一九九五年にはフランス語、英語、ベトナム語の学習クラス設置した。一九九六年九月にはさらに、フランス語、英語、中国語学習クラスが設置されている。このクラスの卒業生の数は毎年約二〇〜三〇人である。

卒業式のこの日には、同時に予餞会も企画されていた。在校生というよりも、卒業生がそれぞれの芸を披露する。そして観客である在校生や父兄がどよめいたり、大喝采の拍手をしたり、三〇〇人は入りそうな講堂はしばしば歓喜の坩堝と化した。子どもや同窓生の卒業の喜びをみんなで分かち合うのである。

日本語専攻の卒業生たちはみんな着物姿である。女の子たちは、振袖姿、男の子の中には羽織袴姿のものもいる。日本の忍者マンガ「NARUTO」が大人気であることもあり、着物姿の卒業生はいかにも誇らしげである。

ステージでは学生が思い思いの格好でパフォーマンスを始めた。振袖姿の華奢なすらりとしたフランス人の女子高生がマイクを持って日本語のポップソングを歌い始めた。彼女は、日本人のようにか細い声で日本語の歌を歌っている。高いところは裏声になって、振り絞るような発声方法も日本人の歌手を真似ているのであろうか。

かつて内股で子供っぽい日本の娘娘した立ち姿や身振りは、到底フランス人に通用するものではないと思っていたが、いまや彼女たちの方が率先してそれを真似ているのである。そして中学生や高校生はそうした日本の文化に憧れて日本語を勉強しようとする。

## サンジェルマン・アン・レーの国際リセ

パリ周辺で日本語に力を入れている学校がもう一つある。パリ西郊外イヴリーヌ県（イル・ド・フランス圏）の高級住宅都市サンジェルマン・アン・レー市にある国際リセ（高校）である。

この町はフランス旅行も回数を重ねたリピーターが、パリ市内の観光からさらに足をのばして訪れる観光スポットの一つでもある。古城の町として有名で、一二世紀にルイ六世が最初の城塞（古城）を築き、そこで生まれたアンリ二世（一五一九〜一五五九年）が新城をその後構築した。シャルル九世（一五五〇〜一五七四年）、ルイ一四世（一六三八〜一七一五年）、オルレアン公フィリップ一世（一六四〇〜一七〇一年）もこの城で生まれた。日本で人気の高い作曲家クロード・ドビュッシー（一八六二〜一九一八年）の生誕地でもあり、その生家はドビュッシー博物館となっている。

少し小高い立地なので、サンジェルマン・アン・レー城のテラス（城壁の上部がパリ市に向かって突き出るような平らな庭になっている）からの眺めは壮大である。林と農地をふもとに見ながら遠くパリがパノラマのように眺望できる。このテラス沿いにあるパビヨン・アンリⅣは風情あるシャトー・ホテルで、円形のドーム式の外観を一部取り入れた一六世紀の歴史的建造物である。

この町の郊外に広々としたキャンパスを持つ国際リセがある。リセと言っても、幼稚園、小学校、中学校を付設する一貫制の初・中・高等教育機関といった方がよい。ここの特徴は何と言っても、文字通り国際色の豊かさにある。一三か国の外国語セクションが設置されている。フランス語が必修科目であるが、それ以外に米語、英語、デンマーク語、オランダ語、ドイツ語、イタリア語、日本語、ノルウェー語、ポーランド語、ポルトガル語、スペイン語、ロシア語、スウェーデン語のうちから最低一つの外国語を選択必修しなければならない。

カリキュラムはフランスの全国教育水準に対応しており、それに加えて外国語教育を徹底させるというのがこの学校の売りである。小学生は週に六時間、中学生は語学・文学の授業に四時間、歴史の授業に二時間、高校生は語学・文学に六時間、歴史の授業に二時間、それぞれの選択語の授業を義務付けられている。したがって、子供たちにとって外国語の授業はかなりハードワークである。他方で歴史・地理学はフランスの教育では非常に大切にされる分野であるので、そうした特徴がこの学校のカリキュラムにも現れている。

選択必修語は一つであるが、卒業時には多くの学生が三か国語を流暢に喋るようになるという。またバカロレア（高校卒業時に受ける大学入学資格取得試験）の取得率は例年ほぼ一〇〇％である。

この場所に国際リセが設立された理由は、世界の多くの国と同様に第二次世界大戦後の事情がある。NATO（北大西洋条約機構）が設立されたのは一九四九年ワシントンでのことであったが、同じくイブリンヌ県に属する、ナポレオン一世の最後の戦場として知られるロッカンクール市にNATOの欧州最高司令部（SHAPE）が設置された。サンジェルマン・アン・レー市はSHAPE軍将官とその家族の居住地区となったのである。市内のエヌモン城の敷地に一三か国から集まった一五〇〇名の将校・兵士とその家族の住宅地が設立され、一九五二年一月にはSHAPE付属学校がやはり場内に創立された。学年末までに四〇〇人の生徒が登録され、そのうち二〇〇人がフランス人であったが、その数はこの町の住人の総家族数の半数に相当した。

しかし第五共和制ドゴール大統領の下、一九六六年にフランスがNATOの軍事機構から脱退すると、SHAPEもフランスから引き揚げることになる。生徒も三分の二が辞めていった。財政面も含めていかにして学校の再建を図るのか、ということが大きな課題となった。そうした中で六八年には六つの外国語セクション（ドイツ語、オランダ語、英語、米語、デンマーク語、イタリア語）を持つ国際校として再興し、九三年には日本語セクションが創設されたのである。教育雑誌『学生(L'Etudiant)』で年間優秀リセのベスト四に入ったこともある。図書館には日本語の蔵書が多い。筆者も何度か訪れたが、よく整備された郊外の教育環境の整った理想的な教育体制の学校である。

## ユーラシアム（マンガ・ビジネス日本専門大学院）

ユーラシアム（Eurasiam）という日本研究に特化した私立学校がある。この学校はヨーロッパで唯一、日本（最近は中国語コースが加わった）を専門とする初めての学校である。従来の学科を中心とする大学組織とは違って、日本という地域（一国）研究を前面に出した学校組織であった。学部と大学院が設置されているが、コースは二つだけ。一つは日本・中国の経営コース、もう一つは日本の芸術とコミュニケーション・コースである。それぞれ前者が輸出入企業のマネージャー、コンサルタント、管理職を、後者がマンガ家、編集・文化・広告・グラフィック業界幹部を目指すコースである。

パナフュー校長自身、経営学をグランドゼコールで教えている。日本経済・経営の特殊性と成功、他方での日本マンガの流行に注目した新しい試みの学校である。一方で、ビジネススクールとしての顔を持ち、他方でマンガに代表される日本のポップアートの専門学校としての顔を持っている。二〇〇五年に発足して三年と五年の二つの課程があり、修士号を取得できる。日本への六か月間の留学も義務付けられており、慶應義塾大学や東京アニメーションカレッジ専門学校との交流を定期的に続けている。

校舎は下町の一〇区、マゲンタ通りにあるが、入り口ではまず日本語学校・研究所とYutaka France（ユタカ・フランス）の看板が目に入る。Yutaka Franceは、二〇〇二年に設立された総合語学学校である。フランス人（社会人・学生）を対象とした日本語のクラスや短期の日本語教師養成講座などを提供している。日本語教師の派遣なども行っているが、活動理念として文化交流を掲げており、そうした延長上にこの学校の創設があった。つまり、ユーラシアムはマンガを中心とする日本芸術とビジネス教育の融合した教育施設であるが、基本には日本語教育がある。

この学校を支援しているのは、ＪＥＴＲＯ（日本貿易振興会）、ＪＡＬ、資生堂、フランスでのマンガ（翻訳）出版社の大手であるトムカム（Editions Tonkam）、グレナ（Glénat）、Kaze、マンガ・アニメのグラビア雑誌Animelandなどが名を連ねる。

かなりの応募者があると言われるが（二〇〇〇人という記事もある）、一学年大体二〇名程度である。こじんまりした専門学校といった方がよい。一度表敬訪問したが、教授陣も総出で出迎えてくれた。学校の紹介とともに熱心に意見交換しようとする姿勢に大変好感が持てた。日本外交についてスピーチをする機会があったが、おそらく日本の大学で国際関係や国際政治を専門とする学生の三年生ぐらいのレベルであろう。

二〇〇九年には、毎年開かれる図書見本市でこの学校の学生のデザイン展が行われていた。日仏一五〇周年を記念して発行された『ヨーロッパ　日本』*Europe Japon — Regards croisées en bandes dessinées*（2008）という図説本の解説展示であった。

同書は、フランス語は左綴じで、日本語は右綴じで始まり、それぞれは日仏修好条約以来のフランスにおける日本理解のためのイラスト・マンガと、日本における西洋理解のイラスト・マンガの中身を紹介していく形になっている。交流の歴史とお互いのイメージの変化について解説したためずらしい図版をふんだんに使った書物である。ポルト・ド・ヴェルサイユ会場の一角の七〇〇平米程度の広さのスペースにパネルを配置し、そこに歴史年表や同書の図柄の入った頁の拡大コピーなどを展示して、今日までの日仏・日欧交流の歴史について来館者に伝えている。願ってもない広報活動をフランス人が率先して実行してくれているのであった。

## フランスにおける日本語教育の現状

しかしフランスでの日本語教育体制がそれほど進んでいるわけではない。日本語教師のポスト増と教員養成体制強化の働きかけは在仏日本大使館の重要な仕事である。

今では大都市では中等教育から日本語を学ぶことができるし、中規模都市でも少なくとも高等教育あるいは公開講座等で日本語の学習は可能である。日本語の教育はかなり浸透していると言える。しかし多くの場合、就学年齢は大学生以上である。

高等教育機関での日本語教育は歴史も古く、現在も全体の半数以上が高等教育での学習である。

中等教育レベルでの需要は多いのだが、教育機関の数は不十分である。そこで二〇〇五年六月には中等教育機関での日本語教育改善を目的とするフランス日本語教育委員会が発足した。その下位組織として「プログラム（中等教育機関の日本語教育の指導要領）作成小委員会」、「CAPES（中等教育正規教員資格試験設置）小委員会」（後述するようにCAPESはまだ設置されていない）、「生涯教育小委員会（教師研修）」があるが、二〇〇七年にはプログラム作成小委員会が第二外国語としての日本語の学習指導要領（Palier）を国民教育省に提出、正式に認可された。

また、二〇〇八年十一月には、フランス国内における日本語教育の現状をより多くの人々に認知してもらうことを目的に、フランス日本語教育委員会主催で大規模なシンポジウムが開催された。日本の飯村豊大使もスピーチを行い、日本語教育の振興を支援する旨、伝えた。フランス側も当時の国民教育省国際局長が出てきて、スピーチを行った。

フランスで日本語教育が始まったのは、一八六三年にパリの帝立図書館附属帝立東洋言語専門学校で日本語講座が設置されてからである。その半世紀後にリヨン商工会議所で日本語入門講座が、続いて、パリ大学文学部に日本文明講座が開講された。後者はパリ大学再編後の一九七〇年、パリ第七大学に引き継がれた。

そのころ、パリ及びパリ近郊の高校やリヨン第三大学で日本語教育が始まり、バカロレアで第一、第二、第三外国語として日本語が認められた。一九八〇年代になると、日本語教育は地方大学、グランドゼコール、各地の中等教育にまで広がっていった。八五年には、最初の日本語・日本文明高等教員資格を持った教員（アグレジェ）が誕生した。九〇年には前述したパリのラ・フォンテーヌ高校で第一外国語としての日本語教育が始まり、またこの頃、初等教育段階でも日本語教育が始まった。二〇〇一年に「フランス語総局」が「フランス語及びフランス地方語総局」に改組され、稀少言語の価値が見直されるにつれて、ヨーロッパ言語と併行して日本語学習者が増える傾向になった（国際交流基金資料による）。改めて言うまでもなく、こうした日本語教育の普及は経済成長に伴う日本の国際的地位の向上に比例している。

日本語教育は中学一年生（十一歳）から始める第一外国語、三年生（一三歳）から始める第二外国語、四年生（一四歳）から始める第三外国語として学習できるが、実際には学習者のほとんどは第三外国語として学ぶ。この一〇年ぐらいでは一つの学校で履修者が五〇人いる学校が二〇校を超えると言われており、確かに日本語への関心は高まっている。

高校生の場合も、日本語は第三外国語として学ばれる場合が多い。二〇〇三年度からインターナショナル・バカロレア（ＩＢ）の日本語部門が正式にフランス・バカロレアとして承認された。この試験の受験者はフランスのインターナショナル・スクールの国語の履修者か、東京のリセ・フランコ・ジャポネの生徒で、受験生の数は〇三年度十一人、〇四年度一三人程度である。一方で、フランスでは日本語を教えている大学の数は二五校を超える。従来、日本でフランス語を学ぶ人の大半が大学に入ってからであったように、フランスでも中等教育よりも大学以上の高等教育における日本語の履修者の数の方がはるかに多い。しかし最近では大学に入ってきた時点で既習生の例も増えている。

他方で、最近では中国語の人気に押されている面もある。実際、一九八八年から日本語との二か国語教育を始めたエコール・アクティヴ・ビラング・J・Mでは、二〇〇四年から日本語ではなく、中国語との二か国語教育に変わった。またいくつかの中学では日本語の教育そのものが中止された。通信教育による日本語教育も後退気味である。国営遠隔地教育機関（CNED）の日本語通信教育を受けた者はバカロレアで日本語を受験することもできるが、二〇〇三年から、この通信教育では第一、第二外国語としての日本語教育課程が姿を消し、日本語は第三外国語としてだけ履修できるということになった。第一、第二外国語として学習することが実質上できなくなっているが、定員が満たされていなかったり、教員不足もその理由である。日本語教育は今、フランス全土でせめて第二外国語として履修可能となることが当面の目標となっている。

中等教育機関における日本語のカリキュラム、指導要領に関しては、これまで一九八七年に制定された第三外国語のみであったが、二〇〇七年にCEFR（ヨーロッパ共通言語参照枠組）にも準拠した第二外国語用の指導要領が正式に認可された。今後、このプログラム整備が中等教育機関の日本語教育の進展に影響を与えることが望まれる。海外での日本に対する関心は日本の国際的評価に関わってくる。経済・外交・政治の混迷に伴った日本語に対する海外での関心もその例である。海外での日本語教育は正念場である。

### 語学教育をめぐる外交交渉

フランスが文化大国である一つの証として、フランス語教育の海外普及に熱心な点がある。しかし最近ではグローバリゼーションの波で、外国語といえば英語一辺倒の傾向が顕著である。

そのあおりを受けて、かつてヨーロッパを代表する言語であったドイツ語やフランス語の国内でのニーズと教育体制は先細りの傾向を示している。日本でのフランス語学習者の数が減じていることはフランスにとっては深刻な事実である。幼稚園からフランス語教育を始めることで有名だった、わが国のフランス語教育の草分け的存在である東京の暁星学園でも、小学生のフランス語教育は数年前からなくなっている。

そうした背景もあって、在東京フランス大使館の文化担当責任者の参事官は一計を案じた。日本におけるフランス語教育とフランスにおける日本語教育を、政治家の力を借りて双方向で同時に再活性化しようという試みを提案してきたのだ。

日本での大学入試問題の外国語問題に英語だけではなく、フランス語をもっと導入する。フランス側が言ってきたのは、大学入試センター試験で外国語の試験を複合的に受けられるようにしてほしい、ということである。つまり、外国語の全点数のうち、例えば七〇パーセント分を英語で受験し、残りの三〇パーセント分をフランス語で受験してもよい、という提案である。その狙いは、第二外国語でフランス語を勉強している学生が、英語だけで受験する学生より有利になることにある。英語問題の中の難易度の高い三〇パーセント分をフランス語でカバーできる。この場合、第二外国語としてのフランス語なので英語の問題よりも難易度は下がる。つまり、難易度が低い問題で対応できることになる。

こうしたフランス語教育の活性化ないし維持を受け入れるのなら、フランスにおける日本語教育の振興を活性化するようにフランス政府に働きかけるようにしやすい。お互いに得をするであろう、というのが先方の提案であった。

最初聞いたときには、先方の真意を図りかねたというのが本音であった。ただし、その段階では、自分もフランス語を学んだ日本人の一人として、外国語といえば英語だけを指すようでは困る、と日ごろから思っていたので、わが国におけるフランス語振興には賛成であった。それと同時に、日本語の普及も実現するのなら、それは願ってもないことである。

しかし実はよく整理して考えてみると、このプラス・サムゲームの提案には大きな問題があった。第一に、双方の国における二つの言語の位置づけの違いは明白であった。日本ではフランス語の普及には幕末以来の長い歴史があり、フランスにおける日本語の普及度の比ではない。

それに対して、フランスではやはり日本語の勉強をできるところはまだ限られている。高等教育では、パリのいくつかの大学、リール・リヨン・マルセイユ・ボルドーなどである。パリではそのほかに、日本文化会館、中心街のあるベルタン・ポワレにある天理日本語学校、日仏文化センター、パリ市が開講する外国語講座などがある。しかし上級レベルになると、学生も教員・クラスの数もずっと少なくなる。つまり、そこそこの教育レベルまでにしか教員の層も広がっていないのである。二〇〇六年の統計では、フランスの教育機関における日本語学習者は、初等中等教育四九機関で三九四〇名、高等教育機関一〇二機関で八四五一名、それぞれ教員の数は九五人、二七七人である。学校教育以外の機関での日本語教育は四二機関、教師一三〇名、学習者数は三一四三名である。

他方で日本のフランス語教育の実態は、高校レベルで三九三校、大学レベルで五四二校がフランス語教育を実施、前者は約一万人の学習者がいると言われる。大学では周知の通り、第二外国語としてのフランス語学習者を考えると、その数はかなりの数にのぼる。

しかしフランス語自体のニーズが低下しているというのは世界的趨勢である。フランス側の要請は、フランス文化やフランス語のプレゼンスをいかに維持していくかという段階の話である。これに対していまや、日本文化の普及、日本のプレゼンスの拡大によって、フランスにおける日本語のニーズが高まっていることは明らかである。だからこそ振興策を講ぜよ、というのが日本側の要請である。双方でのそれぞれの言語教育の位置づけと普及程度が違う。

第二に、一言で同じ外国語振興策といっても、片や受験制度にまで立ち入る要請と、教員のポストないし授業の数を増やせという要望とは質的に違う。双方の要求とその対応は不均衡である。その意味では、日本側からすればフランス側の要求はやや強引に思われたのであるが、そうは言い切れない弱みをこちらも持っている。

それは、フランス側がアリアンス・フランセーズを通じて世界的なフランス語教育の体制を歴史的に構築してきたのに対して、日本の海外での日本語教育体制はいかにも貧弱である。この点が最後にいつも引っかかった。特に資金的援助が付随する中国語教育機関「孔子学院」の進出と比べられると、反論できないのである。

海外における日本語学習者数は、三〇年ほどの間で（一九七八年〜二〇〇八年）の一二万七〇〇〇人から二九七万八〇〇〇人と二五倍に増えている（国際交流基金調査）。二〇〇三年から二〇〇六年にかけての地域別の増加率で見ると、東南アジアで一一三・七パーセント（約二〇万人から四四万人）、南アジアで八七パーセント（一万三千人から二万四千人）、中東アフリカでは八六・六パーセント（四七〇〇人から八七〇〇人）、東欧では一八・六パーセント、西欧では二・九パーセントの増加を示している。フランスのような国でも日本語教育体制は万全とは言えない。相手政府への働きかけは不可欠であるが、日本語教育拠点の拡充と日本語放送の拡大をより積極的に進めていかねばならないであろう。フランスでは有線放送などで中国語のTVは一〇局程度あるが、日本に関する放送はNHKの衛星放送が一局であるだけで、しかも英語放送である。在住者の数など条件は違うが、こうした点をどうやって克服するのか、深刻な段階にあると筆者は思う。まず日本語教育の学校創設にもっと力を入れること、また今日若者たちは必ずしも教室でなくとも語学を学ぶことから、TV放送を含むオーディオ・メディアによる日本語教育振興策の強化は不可欠である。

## フランスでの日本語教育振興――国民教育相国際局長との交渉

パリ在任中の大きな課題の一つは、フランスにおける日本語教師のポストの増加であった。いわゆるアグレガシオン（高等教員資格）のポストを増やすことと、CAPES（カペス、中等教員資格）の創設である。

二〇〇五年以来、日本語のアグレガシオンの試験は実施されていなかった。さらに二〇〇五年以前では二〇〇二年に実施されただけである。それぞれようやく一名ずつ補充されたに過ぎないのである。日本語のアグレガシオンは一九八四年に開始され、翌年、ついで八八年以後は二年おきに実施された。各回二名ずつの採用があり、一九九九年にはその年だけで四名の合格者を出した。その後二〇〇〇年と〇二年に実施され一名ずつ合格したが、日本語のアグレジェそのものの採用が減る傾向にあるのは確かであった（採用は翌年となる）。アグレジェ（アグレガシオン・高等教員資格試験合格者）の数は二〇一一年現在、二四名にとどまっている。

このアグレガシオン制度はフランス独特のもので、大変厳しい試験である。筆者もこの出題者としばしば会う機会があったが、出題者も受験生も知力と体力の限りを尽くす「戦い」であるという。試験は二日にわたって行われ、膨大な量の文章を読み、表現する能力が問われる。数時間にわたる発表と質疑のやりとりが続く。これは日本語に限らず、どの科目でも同じである。フランスではアグレジェは、大体の場合が最初は高等学校の教師となるためである。その意味では、日本に比べ高校の先生の地位は大変高い。そこでキャリアを積みながら、研究業績を上げて大学を始めとする上級の研究教育機関のポストを得ることになる。

つまり日本語のアグレガシオン資格を獲得するには、単にテクニカルな意味での日本語能力が優秀であればよいというわけではない。日本語能力に加えて、歴史・教養一般に関する理解力と表現力も同時に試されることになる。一つの立派なステータスなのである。

このアグレガシオンは、中国語にもある。中国語の場合はアグレガシオン試験の実施は二〇〇三年には0名だったが、翌年には一名、それ以後は二〇〇七年に二名採用した以外は、毎年三名の採用がある。中国語教育との比較でもっと深刻なことは、中国語のＣＡＰＥＳはあるが、日本語のＣＡＰＥＳは正式な制度としては存在しないことである。実際には日本語のＣＡＰＥＳ取得者は、フランス全国で一〇人以下であるが存在する。しかし正式な採用試験によるのではなく、長年教えてきたキャリアを尊重されて与えられるので、客観的な能力基準などが規定されていない。これに対して、中国語のCAPES資格採用者は、二〇〇三年に四名、翌年六名、二〇〇五年と〇六年には十一名、二〇〇七年には一二名、〇八年には一七名であった。フランスにおける日本語教育の中国語教育との差は歴然としている。

筆者の在仏当時、国民教育省の国際局長は大柄の如才ない男性であり、次第に親しくなったが、どうも日本語のアグレジェを急速に増やすことも、CAPESの導入も難しそうであった。特にEUが拡大し新規加盟国の数が増えたため、教育言語の数が増えたことから予算が膨らみ、日本語教育への予算配分が厳しくなったことを彼はいつも強調していた。

われわれの要求は、高等教員ポストの定期的な設置であったが、そのためには必要性をフランス全国にある大学区国際担当者の集まりのときに訴えてはどうか、というのがこの国際局長の提案であった。筆者もそれは良い考えだと思った。予算の問題だから成功はあまり期待できないが、そこで日本語に対する印象が良くなれば次につながるというものである。大使の演説があった方がよい。有識者・日仏双方の担当官によるグループを組織して恒常的に日仏間の言語教育問題を話し合えばよい、という提案であった。東洋言語・文明学院（俗称パリ東洋語学校）の日本語主任教授らと委員会を形成する話まで進めたが、残念ながら実現しなかった。日本側の作業手続きが遅かったからであった。それでも執拗に局長に連絡を取っていると、筆者の在任中にアグレジェのポストが一人分採用となり、多少溜飲を下げた思いだったが、かといって本当の意味で定期的な採用が決まったわけではなかった。フランスにおける日本語教育振興にはやるべきことがまだまだある。

## 第二節　クール・ジャパン

### 日本の伝統文化にない新しい側面

　近年海外の若者たちの間で日本文化が高く評価されていることは再三述べた。それでは、日本文化とは一体何であろうか。その魅力とは何であろうか。

　かつては、日本文化と言えば、華道・書道に始まり、侘び・寂びの精神に結びつく伝統文化のことを指していた。筆者が四半世紀も前に留学生であった時代、同じクラスに戦後間もなく日本に滞在し、政府高官の職を経験した人物がいた。すでに当時退職の身分となって学位論文を準備中の年配の同級生だった。彼が日本に関する自分の書きかけの論文を読んでくれと頼むので、時々アドバイスをしたりしていたが、その論文のキーワードは「質素さ」であった。日本文化・社会生活の原点はそこにあるというテーゼであった。つまり、戦後占領時代の貧しい日本人の生活を知っている、このフランスのエリートの友人にとっては、高度経済成長を果たした日本は別の国である。物質的にはきわめて貧しいが、人々の活力はまさにその貧しさに正面から立ち向かおうとする精神にあるという。

　第二章で列挙したように、二〇〇八年日仏一五〇周年記念行事の目玉となる行事の多くは、やはり伝統的な文化行事であった。伝統的な日本文化は、西欧的な豊かな物質文明にとらわれない質素な時空間の中で、禅・仏教の精神的には豊かな世界が静かに縦横無尽に広がっていくところに大きな特徴がある。しかしそれは内省的な奥深さは持っているが、その分見た目の派手さはない。わかろうとする者にはこよなく魅力のある世界であろうが、耳目を驚かせるようなものではない。もともと強く働きかけてわからせようとするものではない。それが日本文化の真髄でもまたある。

しかし今では、それが大きく変わろうとしている。日本文化は伝統的文化からマンガ・アニメに至るまで多種多様であり、きわめてビジィヴルな、つまり一見してわかりやすいものが入ってきているのである。それもアメリカ的な物質的な豊かさではなく、素朴だが、技巧的で、軽妙で、それなりに楽しむことのできる新しい日本文化が世界にファンを見出しているのである。その代表がマンガ・アニメ・DVDであり、フランスの「ジャパン・エキスポ」のような、若い人々を対象とした「参加型」日本夏祭りスタイルの見本市展示企画である。

## 「クール・ジャパン」の本当の意味とその限界

日本の伝統文化が根強い人気と評価を得ていることは、第二章で紹介した一連の記念行事の多くに見られたし、また第三章で書いてきた日仏交流の歴史そのものの結果でもあった。筆者は日本のソフト・パワーを考えるときに、伝統文化とポップ・カルチャーという二分法はあまり意味がないと思っている。流行はいずれ、世界的シェアを持てば伝統に代わる。

モーツァルトは当時の流行音楽の寵児であったし、ジャズやビートルズは時代の風雲児であった。印象派は浮世絵という日本の大衆性の強い版画絵の影響を受けたばかりか、当時の画壇の主流への反発から生まれた。すべてがそうではないが、今日芸術の本流として認知されたものには、それぞれの時代には反体制派として位置づけられていた学風や流派が決して少なくない。それが普及することによって、多くの支持者を得るばかりか、歴史となって残っていくのである。したがって、新しい大衆文化だからといって、軽く見てはならない。それ自体が進化することは大いにあるからである。

一口に日本文化と言っても、それは多様であるので、しばしば大雑把に「ハイ・カルチャー」と「ポップ・カルチャー」に大別して論じる場合がある。ハイ・カルチャーには、教養人を対象とする文学、建築、ポップアート、現代ダンス、映画（内容次第ではポップ・カルチャーでもある）などが入る。外務省英語版広報での分類では、ポップ・カルチャーを広義に規定し「大衆文化」程度の意味で用いているが、それに従うと、若い人たちを対象とするマンガ、アニメ、ゲーム、ヤング・ファッション、Ｊポップ、年長者も対象とする日本料理、武道、日本のドラマ、ハイテク製品（ヒューマノイド・ロボット）、折り紙・生け花・茶道・囲碁・大相撲などの伝統文化がポップ・カルチャーに入る。

筆者はこのような分類を厳密に進めていくことに反対であるが、周知のように小泉政権時代に隆盛となった「クール・ジャパン」は、このポップ・カルチャーの多くを対象とした日本の対外文化発信戦略であった。

もともとこの言葉は、ダグラス・マックグレイが二〇〇二年に発表した論文“Japan's Gross National Cool（日本国民総クール）”の中で、日本の文化的潜在力について論じたときに使った表現である。バブル崩壊以後経済的に後退する日本経済とは裏腹に、ポップ・カルチャーの面で日本は世界に大きな影響力を及ぼし始めた、と論じたのである。日本文化の海外進出を評価し、「クール・ジャパン」を主張したマックグレイが強調したのは、アニメ・マンガ・ゲームなどの分野であった。

大園友和の著作（前出、二〇〇八年）によると、「文化力」とは、大きく括ると以下のようになる。①「エンターテインメント」として映画力・音楽力・スポーツ力・メディア力、②「アカデミーとアート」分野として学術力、アート・デザイン力、ブランド力、テレビ力、③「ベーシック」な部分としての言語力・宗教力・観光力・パトロン力、④「クール・ジャパン」としてのマンガ・アニメ力、ゲーム力、食文化力、日本文化力、という分類となる。

ＮＨＫの「クール・ジャパン」の分類では（ＮＨＫ『Cool Japan』取材班、二〇〇八年）、レジャー・サービス、ハイテク・発明、ファッション、グルメ、ライフスタイル、伝統・習慣という六つの分類によって示される。福袋や宅急便から始まり、海の家、マンガ喫茶、カプセルホテル、自動販売機、ハイテクトイレ、最新カラオケ、女子高生の制服、あぶらとり紙、恋愛まじない、コスプレ、Ｊポップ、オムライス、おにぎり、駅弁、コンビニ弁当、赤提灯、エキナカ、合コン、総合結婚式場、針供養、着物、和紙、日本庭園、チンドン屋、こいのぼり、お見合い、花見まで九〇余りの、いわば日常生活における日本の特殊性の諸側面を具体的に挙げている。

しかしこれらの多くのものは、本書で論じる文化外交や日本文化の国際化、日本という国の「ブランド化」、すなわち日本の対外的な良いイメージを持つことにつながるのかという点では、それほど意味がない。単に「物珍しさ」や「文化・価値観の違い」を示すものをいくら挙げても、それが日本の対外的な発信や影響力の強化にはつながらないであろう。そこには歴史や伝統に裏付けられた説得力がないからである。人々を説得するには、美しさや強さ、さらに権威が必要である。それは人の心を動かし、安心させたり、信頼を勝ち得るものでなければならない。日本文化が「侘び」「寂び」を伝統とするのは、そこに禅宗・仏教に結びつく宗教的威信が読み取れるからである。

これに対して、美しさや派手な見栄え、意外性など理屈抜きの面白さによって広く受け入れられるのが、ポップであり、ここで言う「クール（かっこいい）」の意味であろう。しかしその中で国家の「良いイメージ」「尊敬・畏敬の源泉（権威）」をもたらす可能性を持つものは何かということに真の問いはある。つまり、「クール・ジャパン」というのはそこで言う「クール」の基準にもよるが、いずれ何らかの形で日本に対するポジティブな評価につながるものでなければならない。何でもポップで面白ければよいというものでもない。よく忘れられがちであるが、重要な論点である。

## クール・ジャパンは日本文化理解の突破口となりうるか

もちろんポップ・カルチャーを通した日本理解の仕方には毀誉褒貶がある。「日本のポップ・カルチャーに興味を持つ若者は、必ずしも日本文化に関心があるわけではない」という議論がある。つまりポップ・カルチャーの普及がそのまま日本文化の理解にはつながらないという見方で、確かにその通りである。しかし日本のポップ・カルチャーに興味を持った若者が、日本に対する関心を高める可能性は強いであろう。

というのも、純粋の日本文化論とは違って、文化外交論の議論の場では文化の中身そのものよりも、その社会的効用性の方に比重があるからポップ・カルチャーの役割にも期待がかかる。自分たちのことを考えてみるとよい。ウォルト・ディズニー作品やコカコーラに接したからといって、日本の若者がアメリカ文化に関心を持ったり好きになったりするとは限らない。しかしそれらがアメリカから来たものであることによって、アメリカという国が心の中で存在感を持つことは明らかであろう。後はアメリカを好きになってその文化にさらなる関心を示すようになるのか、ならないのか。それは個人の問題となるだろう。しかしそのきっかけとなるところまでは来ている。それと同様に日本のポップ・カルチャーの普及によって、日本という国の存在感が大きくなり、距離感が確実に近くなったことは確かである。

侘び・寂びの伝統的価値観は高尚ではあっても、なかなかその理解者の底辺は拡大しない。それは簡単にはわからないからである。味わい深い文化ということは、裏を返せばわかりにくいということでもある。加えて日本文化論、日本の伝統文化には地味なものが多い。体質的に派手好きな人々の間では、理解はされたとしても支持者の数は容易には増えない。これに対して、ポップ・カルチャーの浸透はその比ではない。今、日本は長年日本文化が持ち続けてきた「難解さ」の壁を越えようとしているのである。しかもアニメやマンガは日本社会のあらゆる現実や歴史、生活習慣などを扱う広範な日本理解の媒体でもある。

しかし、ポップ・カルチャーはわかりやすい分だけ誤解も生みやすい。どこまで日本の本当の姿が理解されているのかは疑わしい。それも確かである。例えば、アメリカ映画『キル・ビル』は「日本刀オタク」とでも言うべきクエンティン・タランティーノ監督が、殺陣のシーンをとるためだけに制作した作品ではないのか、と言われるほどであるだけに、工夫を凝らしたこれぞエンターテインメントだという作品である。しかし小道具やセットはわたしたち日本人が見ると、なんだか国籍不明の世界のようにも見える。同じく映画『ＳＡＹＵＲＩ』も、着くずれした着物姿が「本物の日本の着物姿」として定着することには日本人の一人として大いなる懸念を持つ。しかしまずは関心を持って、理解しようとする人々を増やすことである。その中から、本当の理解者がどのくらい生まれるか、そして日本外交や日本理解の底支えをしてくれる層となってくれるのか。外交的見地から言えばそのことの方が意味が大きい。先述した外交論としての「ソフト・パワー」の議論である。

例えば日本人はフランス料理が好きだという。グルメであるという。本当であろうか。日本人が繊細の味覚を持ち、舌が肥えているというのはある程度正しい。しかし、それは日本料理に関する食材についてである。フランス料理を好きだと言っても、日本人の多くにとっては、「本場の本物のフランス料理」は「重い食事」に属するであろう。多くは「日本的なフランス料理」のことである。このようにフランス料理が世界的に普及していると言っても、結局はそれぞれの国の味覚をベースにした上でのことである。その意味では、代表的な味は残しながらも、フランス料理もいつまでも旧態依然たる味にとどまらず、進化しているのである。

「フランス人は繊細である」といったイメージがある。フランス文化に対してそのようなイメージを通して魅力を感じている日本人がフランスで生活し始めたとき、果たして違和感や抵抗感なく、彼らの日常生活に自然に溶け込んで行けるだろうか。おそらく多くの場合、それは難しいであろう。そこで言う「繊細さ」の意味が違うからである。日本人にとっては、その言葉は「ひ弱さ」とつながりやすい。しかしフランス人にとっては、神経の細やかさと性格の弱さは別の問題である。個人主義が徹底している国民性からは、「繊細さ」は逆に一人の人間が自立して生きていくために、社会生活を送る上での「強さ」を伴って初めて意味がある。日本では個人の「ひ弱さ」は集団主義の中で多々隠されてしまうので、「繊細さ」はむしろ社会性のない、内的心情としての意味を持つと考えられやすい。かくして、自分は「繊細な人間」なので芸術や文化の国フランス人とうまく付き合うことができるだろうと期待していたにもかかわらず、個人を明確に主張するフランス人の生活の中で自分の立ち位置を失ってしまうということはありがちなことなのである。

日本文化の受容もそうした誤解がつき物である。文化の相互理解と言っても、それが正しい意味で進められることは稀である。だとすれば、本来の姿でなくとも、日本文化の普及がとにもかくにも広まっていることは、それはそれでよいことである。そして、それにポップ・カルチャーが寄与してきたことは何ら恥じることはない。デフォルメされて国籍不明のようなマンガの一コマには伝えるものがないのであろうか。筆者はそうは思わない。芸術性から見ると、いかにも安直なものであっても、作者が日本人である以上そこには「日本」が存在するのである。何気ない一コマの描き方に、それが拙いものであれ、日本的な表情や表現の特徴が出ているのである。そこに何らかの「日本文化」を見出し、注目してくれると言うのなら、それはそれでありがたいと考えてよいのではないか。イニシエーションのハードルが低くなった。それでよいのではないだろうか。問題はむしろそのきっかけをどう生かしていくのか。勝負はその先にある。

## コンテンツ文化産業と文化外交——マンガ・アニメの発展

コンテンツ・ポップ・カルチャーの領域は外交政策そのものとは別路線の、コマーシャルベースでの動きが今日の隆盛につながった。その意味ではこのような文化伝播のあり方には毀誉褒貶があるし、そのコンテンツについても意見は分かれる。本書の冒頭、フランス文化外交の歴史で述べたように、王室コレクション向けの美術作品のカタログをフランス語に統一することは、フランス語と文化産業振興策につながる文化外交の重要な政策であった。フランス文化事業が文化外交と結びつくのは今に始まったことではない。これは現実である。むしろ資本の論理で動くこうした動きが萎んでしまったときに、何が残されるのか、という危機感を持つべきだろう。

問題は、これを一過性の流行《はやり》すたりのものとして考えるのか、国際的に定着した日本文化として育てていくべきものなのか、という点である。

筆者はここでは後者の立場を取る。というのは、マンガ・アニメはすでに海外では三〇年以上の歴史を持つ、一つの文化ジャンルとして商業的にも成立しているからである。アジア諸国では「ドラえもん」をはじめとして鉄腕アトムなどはすでに子どもたちの親の代からある。ヨーロッパではフランスが日本のアニメ・マンガの中心地であるが、一九七八年テレビで放映されたアニメ「UFOロボ・グレンダイザー」（ゴールドラック Goldorak）は日本アニメブームの火付け役となった。この世代はすでに中学生以上の子どもを持つ。つまり日本マンガ・アニメ世代は第二世代・第三世代に入っているのである。

ポップの是々非々を論じている段階ではない。その影響力はもはや無視できない現実である。実際に現場に行ってみるとよい。その熱気とエネルギーは驚くばかりだ。

要はこれをどう育てていくのか。日本外交に生かしていくのかということである。だとすれば、クール・ジャパンの代表のように考えられているマンガ・アニメについて考えてみるだけのことはあるだろう。この点については、さまざまな研究者による八〇年代からの研究蓄積がすでにある（ジャン＝マリー・ブイスウーなど）。ここでは、「マンガ論」の詳細に立ち入ることはしないが、まずいくつかの統計から考えてみよう。

マンガコミックの販売総数は海賊版なども出回っているため正確な集計が難しいが、二〇一一年現在で「ドラゴンボールZ」は累計発行部数一億五千万部、「こちら亀有公園前派出所」一億四千万部、以下一億を超えるものは「名探偵コナン」「ONE PIECE」「スラムダンク」「美味しんぼ」「ゴルゴ13」「ドラえもん」などである。しかし所変われば趣味も違っていて、フランスでは少年忍者マンガの「NARUTO」や都会派アクションマンガ「キャッツアイ」などが人気があり、「ドラえもん」はまったく人気がない。

フランスでは二〇一〇年の統計で、出版総件数は六万七二七八件（内商業出版六万三〇五二件）で、総売上げ三〇億ユーロ弱である。売上げ高のもっとも高い部門は小説（二三％）、児童・青年向け（一五％）余暇・旅行・実践ものなど（一四％）で、ＢＤ（「バンド・デシネ（仏語）。会話付きのコマ割り絵本全般）・コミック部門（九％、内マンガは三％）である。また翻訳書の全体の五九・一％（五五六二冊）は英語だが、一〇％（九三九冊）は日本語の翻訳で、翻訳書の中では日本語のものが二番目である。この中にはマンガも含まれている。

日本の日常生活に関する関心は高く、最近ではマンガ・アニメにとどまらず、ファッション・食事・観光などを含むさまざまな種類の雑誌が出ている。先に述べたように、かつて一九世紀に『芸術の日本』が出されてから一世紀以上の年月が経つが、そのときの嗜好がいまや大衆レベルで普及しようとしているのである。

二〇〇四年からマンガが書籍出版物としての扱いを受けるようになったことから、こうした数字が弾き出されるようになってきた。マンガ（翻訳）を出版している会社は三〇社ほどといわれているが、大手として KANA, TONKAM, PELCOURT, GLENAT MANGA, SOLEIL MANGA などがある。

日本のマンガが海外で人気を博した理由としていくつかのことが考えられる。第一に、日本のマンガのジャンルが広範囲に及ぶ点である。海外のアニメ・コミックは多くの場合、子ども用に描かれたもので、大人用のコミック（BD、バンド・デシネ。会話付のコマ割り絵本）の大部分は男性向けのものであった。ところが、日本のマンガは女性も、女の子も読む。大使館でのフランス人の現地職員の多くは、日本のマンガをきっかけに日本語を学んだと言い、その主題歌を日本語で歌う。

第二に、日本マンガの扱う分野が多分野にまたがることである。マンガの題材として挙げられるのは、少年冒険もの、少女マンガ、料理、時代劇、歴史もの、スポーツ、恋愛、セックス、暴力、囲碁《いご》、ワインに至るまで多様であり、それ自体、日本の文化領域の多様性を示しているということである。その代表はやはり手塚治虫であろう。「鉄腕アトム」に始まり、医療・科学・歴史・宗教、あらゆるジャンルにまたがる作品群を世に送り出した。フランスとイタリアのワインをテーマにし

表２：

フランスでのマンガ・アニメ／日本の文化・ライフスタイル関連の雑誌発行状況

| 雑誌名 | テーマ | | | 刊行頻度 | 発行部数／回 | 創刊 | 備考 |
|---|---|---|---|---|---|---|---|
| | マンガ・アニメ | 日本の文化・ライフスタイル | その他 | | | | |
| Animeland | ○ | △ | — | 月刊 | 500,000 | 1991年4月 | |
| Animeland X-tra | ○ | — | — | 季刊誌 | 25,000 | 2006年3月 | |
| Coyote Magazine | ○ | △ | — | ２ヶ月毎 | 40,000 | 2002年 | |
| Planete Japon | △ | ○ | — | 季刊誌 | | 2005年 | |
| Japan Lifestyle | △ | ○ | ファッション | ２ヶ月毎 | | 2008年12月 | |
| Made in Japan | ○ | △ | — | ２ヶ月毎 | | 2008年11月 | |
| Nipponia | — | ○ | 日本文化 | 季刊誌 | | 1997年7月 | 現在はウェブマガジン |
| Wasabi | — | — | 日本の料理 | 季刊誌 | 50,000 | 2003年 | 無料 |
| Bonzour | — | — | 日仏サブカルチャー | 月刊 | | 2007年 | 無料 |
| Jipango | — | ○ | — | 半年1回 | 50,000 | 1998年3月 | 無料 |
| O.V.N.I | — | ○ | 情報紙 | ２ヶ月毎 | 60,000 | 1979年 | 無料 |
| News Digest | — | ○ | 情報紙 | ２ヶ月毎 | 12,000 | 1990年1月 | 無料 |
| Cosplay mag | ○ | — | — | ２ヶ月毎 | — | 2008年10月 | ウェブマガジン/無料 |

たマンガ「神の雫」がフランス語に翻訳されて、ワインの本場のフランス人がこの日本のマンガを読みながらワインについて学んでいる、という嬉しいようないささかこそばゆい話も耳にした。このマンガによって自社のワイン販売が急増したボルドーのワイン醸造業社、ランシュ・バージュ（ポイヤック）社主は、すっかり親日的となり、このマンガの作家オキモト・シュウ、原作者亜樹直氏らをボルドーの自分のシャトーに招いて大晩餐会を行った。ちょうどボルドーでのワイン祭りの時期にあたり、夜を徹したガラ（大夜会）は一夜の夢の世界であった。彼は自社周辺に小さな村を形成している。みやげ物屋、郵便局、レストランを擁したその一角は、封建領主封土のようであった。

第三に、しっかりとしたリアルなデッサンで描かれる欧米のコミックと違って、日本のマンガは浮世絵や鳥獣戯画の伝統を受けて、筆やペンでの強弱や濃淡で描く「二次元」の世界である。シンプルなタッチであると言えばそれまでだが、その分読者は想像力を働かせなければならない。デフォルメなどの手法を通した作品の妙が生まれる。また「吹き出し」部分が、絵のシンプルさを補い、想像力をいろいろな形で引き出す効果を上げる。そして吹き出しのおかげで、多種多様な話題やテーマを扱うことができる。吹き出しが解説や説明の役目を持つときには、今度は絵の方がその説明補助のための役割を果たすことになる。絵と言葉が縦横に呼応しあいながら、全体として想像性の高い一つの物語世界を演出させることに成功しているのである。

第四に、欧米、特にフランスのような伝統的にカトリックの影響の強い国で、奔放で非常識な発想を含むコミックは、良妻賢母を理想とする女子教育の妨げであるとして忌避されていた。コミックは男性を対象にしたものだった。しかし日本では宗教的・伝統的制約は少なく、暴力やセックスシーンも含めて自由度が高い。カトリック主流の国の少女たちには彼女たちにとって今までのタブーを破ったマンガはきわめて斬新なものと映ったに違いない。「ベルサイユのばら」や「セーラームーン」などは少女たちのヒロイン願望の夢をかなえたものであったし、少女たちの文字通りシンデレラ症候群、変身願望を描いて見せたものであった。マンガが爆発的に広まっていった背景には少女たちにまでその対象が拡大したことで、潜在読者層が倍増したことも大きな理由である。

それから第五に、これはとても大事なことなのだが、マンガの中でも人気のあるものには「普遍性」があることである。フランスでは、「クランプ」や「ドラゴンボールZ」などの人気が高いのであるが、何と言ってもこのところずっと人気ナンバーワンは少年忍者マンガ「NARUTO」である。ジャパン・エキスポ会場の真ん中には毎年、主人公ナルトの大きなマスコット人形や幟が配してある。このマンガには時代や地域を超えて世界中の少年少女が共有できる「友情」「愛」「連帯」などの感情が少年の成長過程を通して描かれているという。『少年ジャンプ』は仏訳して販売されているが、一貫してそうした普遍的コンセプトが織り込まれている。

### 参加型日本夏祭り―― Japan Expo

パリ北部郊外ヴィルパント――一時間もいると、熱中症になるのではないかと思われるほどの、若者たちの熱い人いきれの中で、日本人であることが海外でこれほど誇らしく思われる場所も少ないのではないか。

毎年七月初め、パリ郊外の九万㎡に及ぶ広大なイベント会場で、日本アニメを中心とした「ジャパン・エキスポ」が開催される。二〇一二年で十一回目を迎えたこの企画は最初、小学校の校舎を利用して開催され、三〇〇〇人の来場者しかいなかった。もともと「BDエキスポ」の分裂後、その日本部門が独立し、十二人の日本ポップ・カルチャー好きがSEFAという会社を立ち上げて始まったこのイベントは、二〇一二年の来場者数が約二〇万人に達する大事業にまで成長した。この成功にならってパリ周辺だけでも同様の企画が年にいくつかあるし、フランス全国ではこの種の日本ポップ・カルチャーの見本市企画はかなりの数に上ると言われている。よく誤解されているのだが、このジャパン・エキスポは日本政府の肝いりでも、日本企業のプロジェクトから始まったものでもない。純粋にフランス企業の独立したイベントとして始まったのである。

二〇〇八年七月、筆者も開催初日の開場直前に現地を訪れた。ジャパン・エキスポの創立者の一人で実際の企画・経営、スポークスマンとして文字通り、東奔西走しているシルデ副代表が、会場入り口に立錐の余地もないほど集まった若者たちをまぶしそうに見つめながら、筆者の前で「目標達成」と静かに呟いたことが今でも印象深く脳裏を去らない。その年の目標は十二万人だった。現在では南仏、ブリュッセル、モスクワにまで進出、こうしたジャパンポップの海外での最大市場であるアメリカにまで進出しようとしている。

ジャパン・エキスポは日本のアニメ・マンガ・DVDなどの商品販売・見本市を中心として、さまざまな日本関連のイベントが広い会場に所狭しと繰り広げられる、いわば参加型見本市・夏祭りといった催しである。このイベントを盛り上げているのは、中・高生を中心とするコスプレである。

参加者の三分の一が、マンガ・アニメのキャラクターの格好を真似たファッションで会場に乗り込んでくる。大人気の少年忍者マンガ「NARUTO」や「デスノート」のヒーローの格好はもちろん、セーラー服姿の少女、ロリータ・ファッション、ゴスロリ（ゴシックとロリータファッション）も会場にはたくさんいる。思い思いの格好をした若者たちはカメラを向けると、その場で自分たちのお得意のポーズを決める。

　規模が拡大しているのは入場者数の増加ばかりではない。スタンドの数は二〇一〇年には六〇〇店にまで拡大、トークショー・コスプレショー・マンガ教室・Ｊポップコンサートなど企画数は六五〇を数えた。二〇〇九年までは一枚にまとめた、小さな文字で印刷された全日程分のプログラムであったが、二〇一〇年からはその日ごとのプログラムが配布されるようになった。事前資料（邦訳付き）は前年秋には早々に完成し、プロモーションのために積極的に活用されている。

ジャパン・エキスポ2010のスタンド

　二〇一〇年にはマンガ家・評論家などの講演会だけでも五〇に上った。フランスでも大人気の「シティーハンター」や「キャッツアイ」などの都会派で有名な北条司のサイン会と展示、石ノ森章太郎の展覧会が主催者としては目玉であった。初めて虫プロも参加した。モーニング娘のコンサート（二〇〇九年はAKB48）とX JapanのボーカルYoshikiも公演し、会場は興奮の坩堝となった。東映マンガ「ONE PIECE」のDVD販売、たこ焼き・ラーメンの屋台まである。二〇一〇年はPSPや任天堂などのゲームが初めて本格的に展示された。来場者の平均消費額は二〇〇ユーロだという。

二〇〇九年ごろからの傾向として、こうしたアニメ・マンガ、コスプレ、J・ポップに加えて、日本の伝統文化・啓発教育のイベントが次第に増え始めた。ヨーロッパ最大のアジア美術館であるギメ美術館が二〇一〇年からスタンドを出して、伝統芸術の紹介を行っているが、同館でのオープニング前の記者会見も定例化している。武道関連は柔道・剣道・合気道・少林寺拳法・薙刀、そして弓道などのデモンストレーション。今年は大使館・外務省、文化庁、経産省、国土交通省がそれぞれブースを出展、連携企画として和太鼓、三味線コンサート、アニメを通した日本語の体験学習、地方の紹介などのイベントを行った。主催者はこのイベントが日仏のコンテンツ企業提携の媒介の役割を果たすことも望んでいる。

もともとの狙いは自分たちの好きな日本のポップ・カルチャーを広く理解してもらうことであったが、主催者は近年ビジネスチャンスの場としても積極的に位置づけようとしている。流暢な日本語を話す、日系二世の女性マネージャーや経営コンサルタントもスタッフに加えて、SEFA社は常勤だけでも四〇名を超える企業に発展している。単なる日本紹介の企画をいまや脱して、彼らの言う「出会いの場」はビジネス交渉の場としての意味も持ち始めている。

筆者が在任中、文化班長の提言でジャパン・エキスポの主催企業SEFAに対して外務大臣表彰を与えることにした。これは日本のために貢献してくれた外国人に対して与えられる賞である。その頃まではこのイベントに対する日本政府の関心は高くなかった。

しかし、単純にこうした日本紹介イベントが善意だけで拡大していくわけではない。ボランタリーな活動はそれはそれでとても重要なことであるが、主催者の方にもそれなりにうまみがなければ長続きはしない。さもなければ、中国のように政府が全部丸抱えで資金から運営まで実施していく「国策」としてやっていくしかない。それができない以上、官民一体となって政府はそうした民間の活動を育成し、支援する姿勢が必要である。官民双方がそれぞれの目的を達成できるようなスキームをいかにして創っていくのか、真剣に考える時期に来ている。

## 文化・教育手段としてのマンガ――アングレーム国際BD祭

このように、コンテンツ産業との関係強化の傾向を示す、ジャパン・エキスポとは違い、より文化・教育的側面を強調するのが、「アングレーム国際BD祭」(Festival interinternational de la bande dessinée d'Angoulême) である。「アングレーム国際BD祭」は、一九七四年よりフランス、アングレーム市が開催している。ヨーロッパ最大級、フランスで最も古いBD関連のイベントであり、二〇一二年には四〇回目を迎えた(二〇〇九年には来場者数は二〇万人を突破した)。BDにおける「カンヌ(カンヌ映画祭)」とも言われている。毎年一月末に開催。その中心的なイベントは、国際BD賞の発表、原画の展示、作者の講演会、討論会、コンサート、マンガの描き方講習会、展示販売などである(コスプレショーはない)。会期中に優れたBD作品(出版されたもの)に対し最優秀作品賞以下各部門ごとの表彰が行われる。賞としては、アングレーム国際ＢＤ祭最優秀作品賞とアングレーム国際ＢＤ祭グランプリがある。このＢＤ祭の表彰は主にＢＤを対象にしていたが、マンガの紹介が進んだことにより、二〇〇〇年ごろより日本の翻訳作品のノミネートが増えてきた。二〇〇七年には、水木しげるが日本人で初めて最高賞である最優秀作品賞を受賞した。

過去の日本人受賞者には、谷口ジロー『遥かな町へ』（二〇〇三年、最優秀脚本賞、優秀書店賞）、浦沢直樹『20世紀少年』（二〇〇四年、最優秀長編賞）、谷口ジロー『神々の山嶺』（二〇〇五年、最優秀美術賞）、辰巳ヨシヒロ（二〇〇五年、特別賞）、水木しげる『のんのんばあとオレ』（二〇〇七年、最優秀作品賞）たちがいる。

筆者も二〇〇九年にはその会場を訪問したが、マンガ・ビルディング（通常は青年文化会館Maison de la Jeunnesse et la cultureとして使用されているが、会期中は同上名での主会場になる）、国際バンドデシネ（ＢＤ）・イメージセンター（ＣＩＢＤＩ、本ビルディングにはＢＤ専門の大規模の書店が併設されている）、各国出版社のスタンドとステージ、マンガ家のサイン会場など複数の会場があった。これらの会場を無料のシャトルバスがつなぐ。

このフェスティバルの特徴は世界のＢＤを集めたもので、日本のマンガに特化したものではないことである。また文化的で家庭的な雰囲気の中で教育効果を第一の目的としたものであり、商業ベースの企画ではないことが重要である。したがって、最近商業化の傾向があるジャパン・エキスポとは自分たちは違うのだ、と主催者側の芸術ディレクター、ブノワ・ムシャールと執行ディレクター、フランク・ボンドゥーは強調する。

マンガ・ビルディングでの二〇〇九年の二つの目玉は、平田弘史の時代劇劇画と水木しげるの原画の展示であった。前者は作家自身が来仏して、着物姿で講演・作画実演を行った。後者は原画の展覧会であったが、三桁に上る作品が日本から持ってこられていた。主催者側は二年がかりで交渉したことを苦労話として披露したが、彼らの情熱は確かであった。

平田の原画はどれも迫力あるもので、マンガというよりもリアルな挿絵で時代劇をテーマにした日本的な勇敢さをテーマにしたものであった。このときも主催者側の弁では、「馬」がリアルに描ける数少ないマンガ家であると評価していた。また水木作品も戦争絵（水木の反戦思想の象徴）、日本的な幽玄でユーモラスな妖怪の世界（「妖怪道五十三次」）などテーマを持った展示に感銘を受けた。

日本人でパリに在住し、在住日本人の生活を描いたマンガ（かわかみじゅんこ）の原画展示も行われていて、作家自身のサイン会も同時に開催されていた。CIBDIでは若い日本女性の日常生活をテーマにした魚喃キリコのサイズの大きな拡大原画パネルの展示もあり、来場者の関心を呼んでいた。これは日本の都会で一人で暮らす若い女性のさりげない日常を描写したものだが、外観や生活様式の違いはあっても、そうした都会暮らしの女性の日々の生活のアンニュイな断片には普遍的な共通性があるようで、フランス女性の間でも結構人気のあるマンガ家である。会場には中学生・高校生など若い年代の男女が中心でありながら、年配の訪問者に混じって小学生のグループも教員に引率されて来館しており、主催者の言う教育面での配慮が実際に成果を上げていることがわかった。

マンガに対する評価は分かれている。シンポジウムでは今のマンガブームが単なる一時的現象なのか、また商業的動機にあおられているだけなのかについて白熱した議論が行われていた。マンガが若年層に大きな人気を博している理由は、デュマの『三銃士』に代表されるヒロイズムが若年層の気持ちを惹きつけるからである、というようなフランスでの事情に合わせた議論も行われていた。日本の事情との大きな違いは、好まれる作家の傾向にもある。例えば、谷口ジロー氏が二回も受賞し、二〇一〇年にはその名作『遥かな町へ』がサム・ガルバルスキによって映画化されている。デッサン力に優れていて、俗な意味でのマンガの領域を出た突出した作家であると筆者もかねてより思っていた。しかもテーマが平凡な日常のありきたりの場面に、現代人が共有する忘れられた心の懐かしさや優しさを思い出させてくれるマンガでもある。多様なジャンルをこなすが、その底流には常に冷静な人間観察が貫かれている。日本では爆発的な人気を呼ぶことはなく、いわば玄人好みのマンガ家であるが、フランス人は高い芸術性にはそれ相応の評価を与えているのだと、筆者は思った。

このようにアングレームのイベントは商業利益の追求ではなく、芸術性や教育効果に重点を置いている点は明らかである。その姿勢が失われない限り、フランス、そしてヨーロッパにおける日本のマンガの命は続くであろう。そうした長期的視野から、日本政府も海外におけるポップ・カルチャーの発信をどう助成していくのか。従来民間主導のこうした分野での海外展開に官民統合の体制をどのようにして構築していくのか。コンテンツを議論すると同時に乗り越えねばならない組織的な取り組みをめぐる重要課題はたくさんある。

## 日本食ブーム

フランスにおける日本食の普及度は、飛躍的に上昇しており、いまやフランスの食文化の一端を担うようになったと言ってもよいだろう。フランス人が刺身を喜んで食べ、かつては西洋人には淡白すぎるように思われた蕎麦に舌鼓を打ち、昼食時オペラ座近くのラーメン・餃子屋の前には日本のビジネス街と同じように列ができる。ある日、パリでも老舗のラーメン屋で椅子に腰かけると、フランス人が餃子を肴にビールを飲んでいる。そしてビールを飲み終えたころ、ラーメンをさっと食べてさっと出て行った。鮮やかなラーメンの食べ方である、と妙に感心した。

有名な高級ホテルリッツがバーで日本料理の懐石コースを出したり、日本でも名高い高級料理店タイユヴァンが一五〇周年記念ということで、メインディッシュの一品に日本料理を出すご時世である。同じく日本びいきのオーナーのフランス料理店で、「ウナギの蒲焼」が出てきたときには驚かされた。パリだけで、日本食レストランが三〇〇軒とも五〇〇軒あるとも言われる。そのうち日本人の経営者で日本人のきちんとした料理人がいる店は三〇～四〇軒ぐらいだろうと言われているが、いずれにせよ大変な数である。今では地方都市に行っても日本レストランがある。肥沃なヨーロッパでは山の幸、海の幸ともに豊富な地方も多いのだから、ぜひそれらを生かせる日本料理店を出すように政府も奨励策を作成してはどうかと思う。

いまや、地方都市の目抜きの本屋には、写真グラビアのレシピ付きの高価な日本食ガイドブックが何種類も置いてある。旅行・レストランガイドブックとして有名な『ミシュランガイド』の東京版が出版されたのは二〇〇八年である。十一月二一日に出版されてクリスマスまでのわずかな期間に三〇万部が販売されたが、初版の一五万部は販売開始後わずか数時間のうちに売り切れてしまったという。これはミシュラン側の説明なのでやや誇張はあるかもしれないが、いずれにせよ大変な評判であったことは確かである。

しかし初版本には批判も多かった。一六万軒のレストランの中から、パリの二倍以上にあたる一五〇以上もの東京のレストランが選ばれて星付きの格付けを与えられたが、評価の妥当性も問われた。視察官の力量が問われたのである。即席編集の感が強かったのだが、それほど出版が待望されていたという証でもあった。

かつての「野蛮な」食べ物がいまや健康食であり、洗練された美味ということになる。価値観の持ち方一つで至高の逸品が誕生することになる。それは文化というものの本質を象徴している。

グルメの国民フランス人は食べるだけでなく、自分で創意工夫もする。パリの日本文化会館では日本料理の講習も定期的に行っている。同会館には近代的な厨房が備え付けられており、日本料理のレシピの講習が日本人料理人によって行われる。講習の後にはそれぞれの品を味わうこともできる。最近ではテーマを決めて、たとえば調味料である「味噌」をテーマとしてどんな料理が可能かなどという試作も実施されている。フランス人は食に貪欲である。しばしば語られるように「ヌーベル・キュイジーヌ」は日本料理の影響を多分に受けている。「日本風」と名づけられた一品もそこここで見かける。

それではなぜここまで日本料理の人気が高まってきたのか。その第一は、「健康食」としての一面である。「ビフテキ・フリット（ステーキとフレンチ・ポテトフライ）」に赤ワインは庶民のフランス料理の代表であるが、男女ともに外見が重視される今日、そうした重い食事は敬遠されがちである。

第二は、ヌーベル・キュイジーヌに影響を与えた大きな要因の一つであるが、日本料理の外観である。食物の素材や料理法にマッチした盛り付け、器の選択は総じて料理人の繊細な感性に任されている。日本料理の場合その平均値は大変高い。料理やお店によってそれぞれの工夫がなされているのはどこも同じなのであろうが、小さな工夫がそれぞれ生きているのである。美的感覚を大切にするフランス人にこれは感銘を与える。

第三に、多様性である。生魚・生野菜から煮物・練り物・焼き物・揚げ物など調理法の種類は幅が広く、加えて素材が豊富であり、意外性がまた楽しみであることに彼らも気がついてきた。慣れてくると、一見素材がわかりにくい糝薯《しんじょ》などの素材や製法を尋ねられることもよくあった。少量であるが、好みによって薬味を効かせたりするところも「粋」なのである。

### 日本料理のスタンダード

フランス料理が今日世界で高い評価を受けているのは、エスコフィエというフランス人シェフの尽力に多くを負っている。エスコフィエは一九世紀後半から二〇世紀にかけて料理人として高い評価を受けると同時に、セザール・リッツと組んでホテル・リッツ、リッツ・カールトンの設立と発展に貢献した人物である。二〇世紀初頭、フランスに住んでいたベトナム独立の英雄で解放・統一の指導者ホー・チ・ミンが、カールトン・ホテルの厨房で働き、ペーストリー・シェフとして彼のもとで修行した記録がある。数あるそうしたエピソードの中で、エスコフィエの業績の最たるものは、今日のフランス料理の創設者であるということである。一九〇〇年発行のその主著『料理の手引き』で五〇〇〇ものレシピを紹介、この書物はフランス料理のスタンダードを作った教科書となった。

ある日、そのリッツのレストラン支配人から電話がかかってきた。今度和食を出そうと思うので試食会に招待したいということであった。コンコルド広場のホテルまで出かけてみると、初夏の明るい日差しの中庭に大きなテーブルがいくつか並べられ、日本人の各新聞社のパリ支局長や旅行代理店の代表が呼ばれている。日本関連の会合で顔なじみの面々も大分含まれている。支配人の挨拶では、日仏国交樹立一五〇周年記念の年であることもあり、本格的な日本料理を出してここのところ数が減りがちの日本人観光客を呼び戻すことができないかというのが趣旨のようであった。

一五区セーヌ河畔にあるホテル「ＮＯＶＯＴＥＬ」はかつての日航ホテルである。このホテルは最上階に高級日本料理店「弁慶」を擁している。今でも日本人観光客が多いが、日本通のシラク元大統領が通っていたことでも有名である。サルコジ前大統領のカーラ夫人も時々足を運ぶということでも評判であった。マネージャーのフランス人は大の日本びいきで日本語もよく話す。あるとき「今『古今和歌集』を読んでいますが、やはり『新古今』より面白いですね」と突然言われ、とっさに言葉を継げなかった。それでも経済事情のなせる業か、最近ではここも例外にもれず、中国人観光客に席巻されている。

日本文化会館で定期的に講習を行っている日本料理店「青柳」のご主人小山裕久氏は、ＮＰＯ法人日本料理文化交流協会を設立して日本料理の普及に努めているが、日本料理のスタンダードを求めて、いわば「日本のエスコフィエ」を目指しているという。日本料理隆盛の時であるが、よく考えてみると、「これが日本料理だ」という定義のようなものはない。日本料理の普及はもちろん外交の文化的な面での重要な部分であるが、そこに何か特有のコンセプト、概念化が不可欠であろう。キャッチコピーのようなものでもよいが、一言で日本料理の、いわばアイデンティティのようなものを表せる概念を定着させることは必要であると思う。日本料理は味の繊細さ、素材の生地をできるだけ生かそうという鮮度へのこだわりなどいくつかの特徴がある。真の意味で国際的に通用し、普及する文化として日本食を確立することも立派な文化外交の一助になると筆者は考える。それには概念と論理を持って海外の人々を説得するための言葉による「表現の力」が必要である。

## Visit Japan（ようこそジャパン）

パリの日仏経済委員会と日仏商工会議所は定期的に朝食会を開催する。元官僚や著名な文化人ら豪華ゲストを呼び、講演会を開催するのである。いわば勉強会である。

あるときパリ観光局のアジア担当ディレクターの方の話を聞く機会があった。日中韓のフランスへの観光客の比較に話が及んだ。筆者もセーヌ川の観光遊覧船バトームーシュに日本から来た友人家族と乗船していたときにふと気がついたのだが、最近では船内の案内アナウンスに日本語が聞かれなくなっている。かつては、フランス語、スペイン語の後に続いて日本語が流れていた時代もあったが、今では観光客対象のアジア言語は中国語や朝鮮語ということになっている。それほど中国や韓国からの観光客は増えているのである。

中国・韓国からの旅行客の訪問パターンは、パリ観光局のプレゼンテーションによると、かつての日本人のパターンであるという。つまり、パリにいるのは二〜三日程度、他のヨーロッパ諸国を含む一週間程度のパックツアーが多いという。これに対して、日本人観光客の場合はリピーターが多い。したがって、パリの名所の類はすでに見学しているので、パリ郊外や地方にも足をのばす。それに観光バスに団体で乗って出かけるパターンから、少人数で個別の旅行を楽しむケースが多くなっているという。

他方でフランス人の日本訪問はどうであろうか。後で述べるが、海外観光客の誘致プロジェクト「Visit Japan（ようこそジャパン）」はこれまでに目標数値を満たしていない。思ったほど日本への観光客招聘は成功していない。単に名所見学にとどまらず、他の輸出部門産業と協力して、余興やさらなる現地体験を盛り込んだ方向の試行錯誤が行われている。レコード業界との協力でＪポップのコンサート参加とのマッチングなど、インバウンド企画も今後重要となるだろう。

二〇〇九年には「国際女将組合」の「温泉セミナー」がパリの「メリディアン・モンパルナス（現プルマン・モンパルナス）」で開催された。このセミナーの会場には一〇人ほどの全国温泉旅館組合の女将が着物姿で登壇した。

フロアーからのフランス人ジャーナリストの質問には組合代表者が流暢な英語で答えていたが、そのやりとりは温泉を通したある種、日本文化論の議論とも言えた。その企画の中でフランス人の温泉ジャーナリストによるビデオを交えたプレゼンテーションを見たが、それは大いなる発見であった。

日本人であれば、子供のころから温泉旅館に宿泊した経験は一度ならずあるはずである。したがって、旅館の違いはあれ、日本全国ほぼ同じような客に対するサービスに慣れているはずである。そのマナーがフランス人からすると、まさに日本文化なのである。例えば、広い旅館の玄関に到着すると、女将と従業員に正座の姿勢で深々とお辞儀をされ、歓迎の意を示される。そして、とにもかくにも靴を脱いで、座敷に通される。さっそくお茶とお菓子が運ばれ、そこで浴衣に着替えて、庭を散歩する。軽く汗をかいたところで入浴、浴衣や丹前姿で部屋に戻ってくると、食事の用意がしてある。全国どこに行っても一般的な、温泉旅館の午後から夕方にかけてのひと時のすごし方である。

これがフランス人には何とも興味深いのである。日本の畳の生活習慣に馴染まない人には靴を脱ぐことから始まり、なぜ浴衣に着替えるのか、そうしたひとつひとつの定まった行動様式に説明が必要である。フランス人温泉ジャーナリストの説明を聞いていると、そのあたりのことを手際よく説明している。いわく、浴衣に着替えるのはリラックスすることを象徴する動作であること、庭を散歩するのはもちろんそれが見るに値する庭園であるからであるが、同時に食事までの軽い運動でもあることなど一つずつその意味付け、大げさに言えば概念化された動作として温泉旅館での日本人の一様な行動が説明されるわけである。哲学と議論の国フランスならではの外国文化理解の方法である。日本人のように情緒的に何となく理解するようなやり方は、フランス的方法とはまさに対極的である。

かくしてフランス人の一部の間でも日本の温泉旅行は一つのブームになりつつあった。二〇一〇年にも知り合いのフランス人ジャーナリストが来日し、観光旅館業者の集まりで日本の温泉旅館の今後のあり方について講演していた。自分の体験を交えて、訪れた温泉地のタイプ化を行おうとした内容には感心した。

モナコ公国外務大臣夫人は、あるとき「ぜひ一度日本で温泉旅館に宿泊したいと思っているのです。次回の日本旅行の楽しみに取っているのです」と筆者に言ったことがある。真裸で露天風呂に入るというのはかつては欧米人には特異なものに思われがちだったが、(フランスの温泉は水着を着けて入る)いまや日本食＝健康食の発想が普及したせいもあって、屋外のきれいに剪定された日本庭園の中での入浴は文字通り自然回帰の発想と重なるのか、今日それは貴重な体験という受け止められ方になっている。

## 第三節　文化外交の体制構築

### 「文化は売り物ではない」というパラドックス
### ——「〈クリーンな〉商品を売る」という文化外交の真実

こうした文化・コンテンツ産業の海外発展は今後政府ももっと支援していくべきだと思う。しかしこの種の問題に常に付きまとう文化外交の本質的な問題がある。

本書の冒頭で述べた、フランスにおける文化外交の総括的かつ統合機関であるフランス院の設立を決めた時の外務大臣は、国際的な医療ＮＧＯとして有名な「国境なき医師団」の創立者の一人であるクシュネール外相であった。彼は設立時の声明で、フランス院がＥＰＩＣ（民間企業と協力可能な公立機関）であるとしても、「文化を売り物にはしない」と断言した。この問いは文化外交を語るときにどうしても避けては通れない、機微で本質的な問題である。文化産業との協力関係は不可欠だが、度が過ぎてはならない。ＥＰＩＣであることによって、新機関は民間からの支援が容易となるが、先述したように外務省からの多額の予算もつけられている。

それは別な角度から見ると、文化とはそもそも何であろうか、という問いかけでもある。ただ、外交レベルで考えるならば、「文化を売り物にはしない」ということには限界がある。文化はそれを味わい、精神的な至福を享受する者にとっては、価格で計られうるものではないであろう。つまり何か他のもので代替できるものではないのである。マルクス経済学で言えば、文化とは使用価値

（効用）であるが、形のあいまいな精神的な使用価値である。つまり他のものや通貨によって交換可能な価値ではないのである。

しかしこれは原則論、ないしは理想論である。実際には美術品や音楽がどれだけすばらしいかは、結局は価格となって示される。それによって、計算可能で交換可能な価値ともなる。絵画や彫刻が高値をつけ、レコードやＣＤが大量に売れたり、有名な演奏家や指揮者の音楽会の出演料は高値をつけ、入場料も上がる。それは「商品」となるのである。そして良い商品ともなれば、文化的価値も大きくなり、交換価値と使用価値・文化的価値は相乗効果を発揮することになる。付加価値はさまざまな形で膨れ上がるが、そこにプラスイメージが形成される。つまりブランドとなる。

フランスという国が一つの「国家ブランド」であり、「フランス的」という形容詞がつくだけで、そこに一種洒脱で豪奢なイメージが生まれることは世界中の共通現象である。そのポジティブなイメージが対外関係の始まりとなる。そのことは外交にとってどれほどイメージ作りが大切かということを物語っている。

### パリ日本文化会館

そのフランスとヨーロッパにおける橋頭堡《きょうとうほ》がパリ日本文化会館の役割である。パリに日本文化会館があり、年間相当数の文化事業を実施していることはわが国ではあまり知られていない。国際交流基金が持つ在外公館としては世界最大規模の文化会館である。文字通りパリ文化交流最前線の象徴である。国際交流基金は外務省所管の特殊法人であるから、パリ文化会館は大使館の広報・文化部の所管となる。大使館とは毎月定期的に会合を開いて情報・意見交換を行う。

セーヌ左岸一五区、ビル・アケム橋のそばに、敷地面積一六七〇平方メートル（約五〇〇坪）、総床面積七五〇〇平方メートル（うち一般公開スペース四五〇〇平方メートル）、地上六階、地下五階のガラス張りの正面玄関のアーチが弧を描いたようななだらかな曲線をした建物がある。この文化会館の設立は一九八二年四月、ミッテラン大統領が来日した際に当時の鈴木首相との間で取り交わした合意に基づいている。日仏政府協力であるとともに、官民合同プロジェクトという基本構想によって設立が進められ、官民合わせて八〇〇億円（政府六〇〇億円、民間二〇〇億円）を投入して建設された。九七年六月、大の親日家として知られたシラク大統領時代に開館した。フランス側の協力も積極的で、パリ市の一等地を六〇年間ただ同然で賃貸するという条件だった。期限が過ぎてのちはフランスのものとなる。初代館長は磯村尚徳氏、二代目は中川正輝氏、三代目の現館長は竹内佐和子氏である。

地下には三〇〇名を収容する大ホールがあるが、これは可動床式の多目的ホールでもあり、コンサートやダンスの劇場として使用されるだけでなく、能舞台も備えている。ここで映画、芝居、コンサートが催されている。クラシックコンサート、日本の伝統舞踊、邦楽公演、ポップミュージック・コンサート、学術シンポジウムや講演会などが行われる。

パリ日本文化会館（©Gaëlle CLOAREC）

ほかにも一階には一二〇名ほど収容できる小ホールがある。文楽や落語、小コンサート、映画上映会、小規模の講演会等はここで行われる。大・小ホールで行われる行事は、日本から遠いパリでこれほどの日本文化芸術が生で鑑賞できるのか、と驚くばかりである。文化会館での過去の講演者としては、日産・ルノーのカルロス・ゴーンや大江健三郎らの名前が並ぶ。

二階には日本語教育、書道・生け花、マンガ教室などのための教室が二部屋、三階には約四八〇平米の展示会場がある。ここでは年に数回大きな展示会が企画される。「縄文」展、「ひととロボット」展、「妖怪」展、「型紙とジャポニズム」展、「アジアのキュビズム」展、「黒田清輝から藤田嗣治まで――パリに学んだ洋画家たち」展、「WA――現代日本のデザインと調和の精神」展などがこれまでにも開催され、評判になった。

四～五階にはマルチ・メディアの端末を併設した図書館があり、約二万六〇〇〇点の日本関連資料の閲覧が可能となっている。開架式の書架には日本古典名作全集、文学全集など個人で所蔵するには高価な書物が並ぶ。視聴覚室では最新の日本映画のDVDを含む多くの映像資料がその場で閲覧できる。

六階には裏千家寄贈の二〇畳ほどの豪華な茶室がある。パリの真ん中でエッフェル塔を眺めながらの一服は確かにこの上ない至福である。裏千家が定期的に茶道教室を開いているが、茶道をたしなむ来客などを迎える時に使用されることもあるし、そのほか香道のデモンストレーションにも使用される。

この階に、テラスを含めて一五〇人ほど収容できるレセプション会場があり、その奥に日本料理デモンストレーション用の立派な厨房がある。テレビ中継もできる設備を備えた、近代的な厨房である。ここで開催される料理教室に、料理好きのフランス人男女が集まってきて熱心にレシピのメモを取る風景は、ひと時代前であれば目を疑うほどである。材料ごとにテーマを絞った調理をシリーズで行っていたり、パリに店舗のある各種日本料理、和菓子店の協力による和食教室は大変な人気だった。高級料理店の「衣川」・「花輪」の和懐石弁当、和菓子の老舗「とらや」の軽食と和菓子作りの講習なども大人気である。

同会館幹部と大使館の文化部とは毎月情報・意見交換のための定期会合を持ち、この会館の活動をさらに発展させるための議論を行う。筆者の赴任後、担当書記官の意見で会合のアジェンダとテーマごとのレジュメを提出し、大使館とのすり合わせを密にするようにした。もともと国際交流基金と大使館の組織は切り離して考えられていたが、官・半官・民の関係をどう有効的に機能させていくのかは重要な課題である。文化会館は限られたスタッフで膨大な数の行事をこなし、フランスにおける日本文化発信の拠点となっている。

隣りにはシラク大統領の肝いりで設立され、二〇〇六年に開館したケ・ブランリー美術館がある。人類博物館と旧国立アフリカ・オセアニア博物館の三〇万点がこの美術館には所蔵されている。近年ではこちらとも協力して日本人アーティストの展示やパフォーマンスを推し進めている。

## 曲がり角の国際交流基金と文化外交の活性化

国際交流基金文化交流研究委員会が二〇一〇年二月に発表した『二一世紀、新しい文化交流を』

という報告書・提言書がある。

この文書は全体として、国際交流が政府・国レベルから、より個人の移動・集団間の交流・交易が主流となる傾向にあることを捉えて、「新しい国際社会の構成原理としての文化」の重要性を指摘する。その上で文化を国際公共財とみなし、新しい文化の創造の必要性を説いている。その一環として「クール・ジャパン」の次には、「優しい日本の社会と文化」＝「ウォーム・ジャパン」を提唱する。それは農漁村文化、生活文化、生命の思想、価値観、知恵、思いやり、たたずまい、自然観、死生観など、ある種「癒しの文化」であり、それは現代広く世界が求めているものである。それは内向きの概念としてではなく、世界に向けた「開かれた思いやり」であると同報告書は説明する。

筆者も議論の大筋には大賛成である。本書でも述べてきたように、第二次世界大戦後の日本外交は平和外交を基調にして推進され、戦前の軍国主義のイメージとは打って変わって、経済・科学技術大国、平和国家のイメージは世界に浸透している。多種多様な日本文化への反応は良い。日本的な優しさや気配りなども、かなりのフランス人には理解されるようになってきている。表現の仕方は違うが、そうした感性のようなものを美徳として評価する文化を、フランスはじめヨーロッパは持っている。先に述べたようなデザイン展「感性」、民藝の展覧会が好評を博したのも故なしとしない。すでに指摘したがそれこそ「日本ブランド」のエスプリであろう。

しかし、この報告書はよくできているが、問題はこの報告書が外交の現場とかけ離れたスタンスを取っていることである。確かに、理論的には外務省が政府の立場から広報を行う。他方で国際交流基金はより中立的、独立的な文化振興機関として役割を担うべきであるという指摘は理屈の上ではよくわかる。そして、報告書は政府・公的な機関の企画（報告書では「事業としての文化交流」）、一般的民間企画（「現象としての文化交流」）というように分けて、それをうまく調整し、結んでいくのが基金の役割であると主張する。これも理屈の上では正しい。

しかし、それは頭の中での議論の整理ではないであろうか。現実はそのようにきっぱりと官と民がはっきりと区別された形で進むわけではない。企画が大きくなればなるほど官民スクラムの必要性は高まる。「現象としての文化交流」という一般的民間企画が純粋な企業広報活動であるならば、基本的に交流基金の範疇とは無関係であるし、それが「草の根」的な文化活動を指すのだとしたら、それは政府レベルの外交とそれほど接点はない。現場感覚から言うと、国際交流基金の官民つなぎ役としての存在価値は言葉の上では整合性があるが、実際にはきわめて限られた範囲にとどまるであろう。

それは国際交流基金が外務省の主管機関である一方で、独立行政法人としての中立的・自立的な性格を強調しようとするからである。そしてその背景に、文化活動の価値中立性を固持したいという願望があるからである。政府レベルで文化外交の活性化が不可欠となっている現在、筆者はより主体的な、より外交戦略と結びついた形での文化支援活動が基金には必要とされているのではないかと思う。

文化というと多々非営利的、非政治的と考えがちになる。先にもクシュネールの言葉を紹介したが、「文化は売り物ではない」と言う主張には一理ある。しかし他方で、文化が外交の中で大きな役割を果たしうることは現実であるし、日本は軍事大国と経済大国の時代を経て、技術大国・文化大国として世界の信用を勝ち得るまでになってきているのも、本書で筆者が繰り返し述べてきた現実なのである。この報告書は文化外交の現実をどこまで反映したものであろうか。

建前的に言えば、交流基金は財政的には基金によって成り立ち、独立行政法人という運営形態をとっているが、基本的には政府、「官」の組織である。筆者はこれが発想の源でよいと思う。理念的な意味で、敢えて必要以上に政府からの自立性を強調することもないと思う。外務省とは自立した団体なのだからそれでよいのではないか。むしろ妙に「官」と「民」との対抗関係を意識して、活動が制約されてはならないと考える。現場にいると、支援の判断基準などにも個人の好みが出る可能性は避けられないこともあるからである。

例えば、外務省との協力関係で企画を進める一方で、企業との関係は利益事業への支援となる可能性が高いので慎重になる。他方で草の根的な活動にも支援する。しかし、これはやりだしたらきりがないのでどこかで切らねばならない。そこで支援の基準は、日本文化振興にとってどの程度有意義であるかどうかが規準となる。しかしそれは行き着くところ、かなり主観的判断が入る。公式にはそれは回避されるべきことになるので前例主義が一つのパターンとなる。

国際交流基金の難しさはそこにある。つまり、その背景には文化交流が中立的でいかなる利益性にも深くコミットしない「純潔さ」を守らねばならないというスタンスが固持されているのである。一九七〇年代初頭に、経済大国となり大戦の傷も少しは癒えた時期に「平和大国」としての日本のイメージをアメリカをはじめとして世界に伝えようというのが、国際交流基金の時代的な設立背景であった。その目的は国際交流という外交の間接的一助の役割にとどまるものであった。

今、問われているのはそのことである。文化は間接的補助手段でも、中立的なピュアな分野と考える必要はない。現在は国益を体現し、そのための手段としてのより大きな存在感を持つようになってきているというのが国際社会の現実である。民主党政権時に「事業仕分け」の一環として提案されたＪＥＴＲＯ、ＪＮＴＯなどとの一本化のような予算効率だけを考えた提案は、頭の中で考えた経済効率性だけの議論であろう。諸機関の相互関連性を強化していくための機構再編は必要であると考えるが、中身をよく吟味しないままの統廃合は危険ですらある。本書で述べてきたように「文化の時代」に、文化面で対外進出は重要な外交ツールである。すでに日本は「民の力」でかなりのことができる。それでは「官」は何もしないでよいのか、というと資本の活力は永遠ではないし、資本の論理と外交の論理、それに文化振興はそれぞれ別の方向性と論理を持つ。したがって、今なされるべき議論は、政府レベルでの大きな枠組みの中で、国際交流を超えた文化外交活動の中枢的役割を担う機関の必要性である。その役割を国際交流基金が担うのであれば、現行の組織のあり方は再検討されなければならない時期に来ているといってよい。しかし、それは経済効率を理由にした縮小・再統合の道ではない。むしろその反対であると筆者は考える。冒頭でフランス院の設立を強調した理由はそこにある。

クリーンなイメージにこだわりすぎて、中立的な文化紹介にとどまっていては、本来文化が持つメッセージすら失われることになりかねない。海外での公的資金による文化外交的活動が、外交そのものとしっかりと結びついている必要があるだろう。

# 終章　今後の日本文化外交への提言

## 第一節　文化外交のターゲット

### 狙いは大統領

大使館のさまざまな仕事のうち、最もわかりやすい功績はその国の国家元首が日本を訪れることである。今日では、主要国の間では首脳会議がさまざまな形で頻繁に行われるので、その機会に二国間関係をどこまで深化させることに成功したか。具体的には、自分が大使のときに歴史に名を残すような条約や協定を結ぶことに成功したかどうか。そうしたことが最もわかりやすい外交上の成果ということになる。

迎える立場で最も重要なミッションの一つは皇室の来訪である。日本の皇室は海外でも非常に尊重されている。その次は首相の来訪である。筆者の任期中は幸か不幸か、天皇の来仏も首相の来訪もなかった。常陸宮様と何人かの大臣が来仏しただけであった。

筆者が在任していた時期の最大の外交課題の一つは当時のサルコジ大統領の来日であった。大使は大統領が来日するとなると、一緒に日本に戻ってくる。これは外交官としては、一種の「凱旋」である。二〇〇八年六月には洞爺湖で首脳会議が開催された。これに際してサルコジ大統領夫妻が訪日する。洞爺湖に行く前に一日でも東京に立ち寄り、日仏友好を象徴するようなセレモニーを演出したい。一時期、在仏大使館はそのための良案はないかと盛り上がった。サルコジ前大統領が若い時に一時柔道をやっていたことがあると聞いて、東京で大統領へ黒帯の授与式を行うことが提案された。またちょうどその頃ラグビーのフランスのナショナルチームが来日しているので、早稲田大学のチームと親善試合を行うことも提案された。

——サルコジ大統領が東京に元スーパーモデルの新妻カーラを連れて現れる。大統領の黒帯姿、秩父宮ラグビー場での大統領夫妻の観衆の声援にこたえるにこやかな表情——日仏関係の円滑ぶりが国民にも印象付けられる。狙いはそこにあった。

同時に、日仏友好や親善を象徴するような取り決めや条約を結べないか。これは大使館全員で知恵を絞った。しかし現実的な案件があまりないのである。過去の日仏委員会やアクションプランの宣言などをみんなで読み直して、いろいろと議論を重ねた。

結局、大統領夫妻は東京には来なかった。大統領自身は単独で洞爺湖に直行、日本滞在はあくまでも首脳会議出席に絞られた形となった。カーラ夫人も直前になって訪日をキャンセル。理由は歌手である大統領夫人が、首脳会議の時期に三枚目のアルバムのレコーディングで時間が取れないというものだった。普通に考えれば、大統領夫人の公務の海外訪問中止の理由としてはあまり説得力がない。大使館内部では内心忸怩たる気持ちが蔓延した。ただし、この大統領の東京訪問計画の内容はどこまで日仏両国で詰められていたのであろうか。途中、大統領府側が十分に日本側の意図を理解していないという情報も入ってきた。大統領東京訪問が難しいことを察知した大統領府の役人が煙幕を張ったのであろうか。それともどちらかのアプローチに確認行為が明瞭でなかったのであろうか。

これが外交なのである。たくさんの玉込めをし、膨大な準備をしても相手がこちらの思惑通りに動かなかったり、予想外の突発事件が起こって優先順位が下がってしまえば、それまでなのである。

## 日仏関係強化はグローバルプレイヤーとしての日本外交の突破口

日本大使館にとっては、日本文化の人気上昇はとても良い兆候なのであるが、中国のナショナルデーにはサルコジ前大統領が中国大使公邸に来ても、日本大使館のナショナルデー、すなわち天皇誕生日レセプションには首相も現れない（二〇一一年「3・11東日本大震災の追悼式典」にはフィヨン首相が大使公邸を初訪問した）。一部の明らかに親日的な閣僚や、日仏友好議員連盟の政治家が顔を出す程度である。その意味では、表向きの日本ブームとは裏腹に、パリにおける日本外交の内実は辛い日々であった。

アジア趣味のあったシラク元大統領には、日本文化は思索深い、外観ではわからない奥行きのある文化として理解されていたのだが、物事をクリアーに考え、即断即決を重んじる性格のサルコジ前大統領からすると、日本文化はいかにもあいまいでわかりにくく、地味である。文化的魅力を直接にアピールするチャンスは少なかった。

カーラ大統領夫人がパリの高級日本食レストランに時々行くという情報が在任中の終わりごろ入って来た。彼女の好物を聞き出し、ともかく贈り物にしてしまうというのはどうであろうか、という案も出た。もちろんサルコジ前大統領、そしてオランド現大統領が日本食の逸品を食したからといって、彼らがそう簡単に日本に行きたくなるかどうかは別の話であるが……。

しかし翻って考えてみると、日仏一五〇周年事業では日本の首相は一度もフランスに来なかった。他方で、二〇〇八年四月にはフィヨン首相が来日、これをきっかけに日本で一連の日仏一五〇周年事業が開始された。フランスは大統領と首相という二枚看板である。したがって大統領に比べれば格落ちと言わざるを得ない首相が来日したわけであるが、日本側は皇族が来るのでもなければ首相が来たわけでもなかった。文化交流事業にかける日本及び日本政府・政治家の理解度の限界である。さもなければフランスという国に対する認識の限界でもあろう。結局はグローバルな国際観と見識を持ち、主体的に国際社会にコミットしていく姿勢がどのくらいあるのかということにかかっている。つまり文化外交と言っても単なる文化交流にとどまるのではなく、大きな外交目的を持って戦略的に取り組む姿勢がなければ結局は体をなさないのである。

日本の外交を考える際に、日米関係が重要であることは論をまたないが、そのアメリカにとっての最大の相手、パートナーは西ヨーロッパであり、その中でのリーダー国の一つがフランスである。アメリカに対して一定の影響力を持つ国である。また文化面では世界の牽引車であり、この点ではアメリカも一目を置く国である。フランスという国の認識を、一部の偏った文化・ファッション・奢侈品を通した理解だけではなく、日本人がもっと政治的観点からその重要性を認識し、外交戦略的な視野を持った対応をとることを望みたい。アメリカが一目置く国との友好関係は、日米同盟にとっても重要な要素になるのではなかろうか。

## 第二節　文化外交の現場

### 来訪者と無数の文化企画——チャンスはいっぱい

広報文化担当の仕事とはとにかく人と会うことである。情報収集しつつ、その時々の流れを読みながら、何が仕掛けられるか。それをいつも考えていることであろう。

大使館には何かと人が訪ねて来る。特に文化行事関係の人々の出入りが多い。「能・狂言の講演をしたい」、「日本映画の上映会をしたいが場所はどんなところがあるのか、紹介してもらえないか」、単刀直入に「日本に行きたいがお金がない。お金を出してもらえるところはないか」などである。日本でもその活動をよく知られている方々も訪ねて来る。歌手の夏木マリさんも、アヴィニョンの演劇祭に再び参加する旨を伝えにやってこられた。

その他　ファッション・デザイナーのコシノジュンコさん、作曲家城之内ミサさん（ユネスコ平和芸術家・平城遷都一三〇〇年記念事業音楽広報大使）、小説家辻仁成さん、劇画の原作者小池一雄氏、フランソワ・モレシャンさんなどなど、さまざまな人がやって来る。人間国宝の方や伝統芸能の方たちばかりではない。いわゆるジャパンポップの分野でも大使館に挨拶に来られる方も結構いる。華・茶・香道の家元や師範、書道家、画家、音楽家、ファッションショーのコーディネーター、香水販売者、バラ園の造園士、多種多様な文化交流NGO、舞踏家、マンガ家、出版社、およそありとあらゆる職種の人々がパリにやって来る。それこそたくさんの希望と落胆が入り混じった執務室の空気であった。

残念なことに、依頼事項の多くのことに大使館ではこたえることができない。資金がないからである。また人脈も限られているからである。資金に関しては何とも悲しい思いばかりであった。GDP世界第三位の国でありながら、大使館が文化事業に現場で融通できる資金は限りなくゼロに近い。

筆者が体験した大変残念な例がある。あるとき、リール市在住の名誉領事のルサッフル氏が訪ねてきた。フランスには日本政府がお願いしている名誉領事が四人いる。いずれも北からリール市、ルアーブル市、ボルドー市、トゥールーズ市の各都市の名士である。実業家や弁理士などの職業についており、親日家の方々である。天皇誕生日などの記念式典、日本展・祭りなどを組織してもらう。

ルサッフル名誉領事は名誉領事の中では最も熱心に日本行事を実施する方で、筆者が最も親しくなった名誉領事である。毎年年末には天皇誕生日の祭典をリールで行う。

同氏が切り出してきた話は、大相撲の興行をフランスで行いたいということであった。ルサッフル氏はもうすでに日本で情報集めをしており、相撲興行関係のエージェントともコンタクトをとっているという。三億円の予算で、二億円ほどは州議会議長から出してくれるように約束を得ているという。ここは大使館の方でも実現に協力してくれないか、という相談であった。以前シラク政権のときにパリ場所を仕切ったのはFグループだったので、さっそくパリ支社長においで願った。こうした伝統文化・スポーツの興行は独占形態である。A社という日本で有数のエージェントが、N

HKの独占放映権などを含めて一手に興行を行う。筆者も東京のエージェントA社と連絡を取ると同時に、日本相撲協会にも連絡をした。

ところがその後、A社からの見積もり料金がいきなり跳ね上がってしまい、ルサッフル名誉領事の夢は実現しなかった。この分野での一般人にわかりにくい構造は世界共通であろうし、そのことがこうした分野での付加価値を高めているのはよくわかるが、筆者もがっかりした。支援の手がかりはもっと他になかったか。今でも悔いが残る企画だった。

筆者が実現してほしいと思ったイベントとして日本の人間国宝とフランスの「名工（匠）」(Maître d'art) との交流があった。日本の人間国宝にヒントを得て創設された「名工（匠）」はフランス文化省が選定する、優れた工芸作品の職人たちに与えられた称号のことである。現在七四名（二〇一〇年）が選出されている。彼らをコルベール委員会が資金援助してアトリエを設立させ、熟練した技量・技術・知識を後世に伝授継承させる制度である。コルベール委員会とは、オート・クチュール、香水、宝飾をはじめとして、皮革、陶磁器、インテリア・ファブリック、またシャンパン、ワイン、フランス料理、ホテルなどのフランスの高級ブランド七五社によって構成されている組織である。香水のゲラン社創始者ジャン・ジャック・ゲランによって一九五四年に発足した。こうした分野での職人養成・製品の品質向上を目指した団体であるが、匠を保護し、高級奢侈品の製品開発と結びついた活動も行う。知的財産権による模造品などの管理強化の活動も積極的である。

ある日、フランス文化省の名工審議会事務局長から突然アポの要請が入った。この制度の元になった人間国宝に敬意を表してか、二年に一回選出される、その年の「名工」のリストを筆者のところにわざわざ持ってきたのである。その任命式は、文化大臣が主催して、パリの下町「ゴブラン織り美術館」で盛大に行われた。ところが二〇〇九年の式典で、アルバン・シャランドン文化大臣が、フランスの名工たちが日本に行き、人間国宝たちと交流すると突然言い出したのである。

日本大使館には初耳のことであった。一時は文科省本省に問い合わせを命じたり、少し慌てた。というのは、フランスの名工の側は筆者のところにもそれまでに熱心に手紙をよこし、人間国宝との交流を望んでいたのだが、他方で肝心の日本の人間国宝の方たちがいまひとつ乗り気ではなかったのである。つまり、名工と人間国宝は違うというのである。人間国宝は単なる技術工芸職人ではなく、そこには日本の伝統的精神を体現しているという格付けの違いがある。

パリ市の主催の「パリ夏祭り」はトロカデロ・シャイヨー宮内の水族館前の広場で、毎年パリ祭(フランス革命記念日)の前に恒例化されることになった。限られた範囲ではあるが相当数の企画にも成功した。

フランスでの唯一の日本映画祭「Kinotayo」代表者モトロ氏(ヴァル・ドワーズ県高等商業大学校校長)や、アンギャン・レバン(パリ周辺で唯一カジノのある高級リゾート地・温泉地)のデジタル美術館館長をはじめとして、フランス側からもさまざまな文化関係者が毎日のように大使館には訪ねて来る。様々な企画を通した「文化外交」のチャンスは多くありそうなのだが、外交案件としてどれだけものになるだろうか。悩み多き日々でもあった。

## 文化事業と人脈

たくさんの文化事業企画の中から、外交につながる話となると簡単ではない。そこで、どうしても人脈、とくに政財界人脈の話を取り上げがちとなる。政治家筋から難題をもちかけられることもしばしばであった。

社会党ミッテラン政権で長い間文化大臣を務めた政治家、ジャック・ラング氏も親日家の一人であるが、ある日そのお嬢さんで、舞台女優として活躍されているヴァレリーさんが訪ねて来た。アラン・レネ監督、マルグリット・デュラス脚本の一九五九年カンヌ国際映画祭・国際映画批評家賞・一九六〇年ニューヨーク映画批評家協会賞を受賞した「ヒロシマ・モナムール」（邦題『二十四時間の情事』）という往年の名画がある。筆者も学生時代に一度ならず見たことのある、大好きなヌーベルバーグ初期の作品である。彼女は、この作品を舞台演劇でやりたいと言う。台本の一部まで見せるほどの熱意であった。

二〇〇八年には、この映画の主演女優エマニュエル・リヴァが広島にロケで滞在していた折に撮影した写真展が広島と東京で開催された。翌年春にはパリの日本文化会館でも同じ写真展が開催されたばかりか、リヴァ自身の講演会も同時に開催された。高齢にもかかわらず、かわいらしさを感じさせる優しい話し方で、当時のことをポツリポツリと語る様子は懐かしさにあふれていた。

ヴァレリーさんの訪問の目的は二つあった。一つは相手役の日本人男優探しである。もう一つは、資金である。どちらも難しい話である。前者は、知り合いのフランスに在住する日本人男優を一人、二人紹介した。後者は国際交流基金他、いくつかの民間財団が出資する可能性がある財団の住所や代表の名前を伝えた。その後もう一度シナリオの話をしに来たが、そうこうするうちに招待状が送られてきた。結局スイスのローザンヌで公演にこぎつけたようだった。

その後、今や世界の名優・名監督である北野武監督がポンピドー・センターに来館、上映会を行ったことがあり、そのときにばったりラング親子に遭遇した。三人で立ち話をしたのだが、ヴァレリーさんの『ヒロシマ・モナムール』は今度はアメリカで公演がかかったという。いずれ日本に行くから、よろしく頼む、と今度は日本公演に野心を膨らませていた。二〇一一年七月にはついに日本での公演が実現した。

ポンピドー・センターと言えば、日本にもファンが多い。実は日本には、「ポンピドー友の会」という友好団体がある。パリの大きな美術館は国からの経常予算はそれほどなく、友の会や内外の大企業・新聞社・プレスとのパイプが大きな収入源である。二〇〇八年、日仏一五〇周年の年に設立されたポンピドー友の会というのは、日仏の交流を推進し、ポンピドー・センターのコレクションに日本人アーティストの作品を増やすことを目的としている。これは財界と結びつけた文化協力である。アメリカ合衆国では、その二年前から活動しているジョルジュ・ポンピドー財団がある。これまでにもパリのポンピドー・センターでは積極的に日本人作家を紹介しており、一九八六年の「前衛の日本」展から、二〇一〇年の北野展、さらに吉田喜重回顧映画祭（二〇〇七年）、安藤忠雄展（一九九三年）、黒川紀章展（一九九七年）などの展覧会を開催してきた。友の会は、大林組をはじめとする大企業・銀行の支援の賜物で、日本文化会館では大林組会長のお点前による茶会まで催された。

外交の観点から考えると、どこに何が転がっているかはわからない。大使以下館員は、結局は大統領はじめフランスのトップとどのようにしてつながるのか、その中で日本の地位をどれだけ上げていくのか、それを最大の目標にする。紹介したように政治家、実業家はじめ多くの方から声がかかるところを見ると、日本の外交的地位は低くない。外交のチャンスはたくさんありそうである。しかしその鉱脈はどこに埋まっているのか。シラク大統領時代のように大統領自身が親日的であれば、まだ取り組みやすいのであるが、シラクとの対抗関係から対日関係に距離を置くサルコジ大統領の元ではなかなか突破口は見つかりそうになかった。実は閣僚の中には日本びいきの閣僚、日本語を話せる閣僚もいた。こちらはそこをついて関心を惹こうとするのだが、そうした閣僚も表立っては日本びいきであることを表明したがらない。大使公邸のレセプションによくかけつけてくれたサンティニ雇用大臣（当時）は、パリ東洋語学校日本語科一期生だった。サンティニ氏はパリ市に隣接するイシレ・ムリノ市長であり、首都圏の都市との姉妹都市提携を強く望んでいた。二〇〇八年から動きが始まり、その後東京郊外の市川市との姉妹都市提携が成立している。文化・知的交流が、政治家を通した自治体交流につながった例である。

## 第三節　外交べたの日本人気質

### 「外交官」という役人

海外での外交官の仕事というと、一般に過剰な期待をもって見られる向きがある。しかし実際には外交官というのは事務系役人であるから、一般の勤め人とまったく同じである。むしろ民間よりも地味な仕事である。「ディプロマット（外交官）」という言葉は、もともと「ディプローム」「ディプロマ」と同じ語源で、「証明書」＝「文書・書類」という意味である。基本的には書類の作成・整理・運用が仕事だったということである。

多くの場合、現場の大使館は東京からの指示を着実に遂行するのがその主な役割である。フランスのような先進国での仕事ではなおさらである。単独行動はまずない。個人のパフォーマンスによるドラマ性もまずない。組織的な対応の応酬になる。大使とはその現場責任者であるといった方が本質に近い。晴れの席で優雅に見えることがないわけではないが、税金で碌を食み、少しでも国にとって役に立つことはないかという頭がある限り、出席の場を一般的な意味で楽しむという気持ちにはなれない。

また、大使館員であればみな、館外に出て颯爽と現地の人々とやりあっているかというとそうでもない。駐仏大使館のように大所帯の場合には、館外に出て行く人間は限られている。総務担当にいたっては、大使直属の部署であるので、主たる業務は大使館の意向を固め、館内に伝達することと本省との連絡なので、館内の仕事がそのほとんどとなる。

## 日本の評価に見合った待遇と気概——見かけが重要な外交官

当たり前のことであるが、日本人である限り、日本の外交官の行動パターンは日本人的属性によることが多い。ある夜、大使公邸で夕食会が企画され、筆者は親日的なフランス人の元大臣と隣り合せになった。ちょうど公邸の隣の名士クラブの話が出た。会員資格を取るのは今は大変難しく、一年待たされるというような話題であった。実際、この元「連合軍将校クラブ」（第一次大戦時の連合軍であるから日本は同盟国で戦勝国であった）の日本人の会員は、日本大使と当時の日本文化会館館長だけであった。

そんな話をしていると、元大臣は「あなたも関心がありますか」と聞く。「どの程度使うかわかりませんが、関心はありますよ」というようなことを言って、その場はとりつくろったつもりであった。まさか「わたしのサラリーと手当てでは高嶺の花です」、とはいえなかった。すると、翌朝本人から電話がかかってきた。昨日話した将校クラブに入会できるように本部に言っておいた、ということである。入会金はいらないから、特別価格だけでよい。入会するのなら、すぐに手続きがとれる、とも言われた。もちろん、親切にも「あなたがもう二年ほどパリにいるとしたら、会費は損とはならないであろうが、ご自分で判断されるとよい」と最後に付け加えるほどの配慮であった。つまり、その程度の場所に日本の外交官が出入りしても当たり前だと彼は思っているのだ。それだけの「資格」のある国と日本をみなしていることの表れであろう。

しかし、こちらには一官僚がそのようなところにプライベートで足を運ぶということはまずない。プライベートでなくても「公私混同」とも言われかねないのが当世である。第一、仕事上での接触はあっても、現地社会の上層部と日常生活レベルで社交関係を結べるほどの物理的生活環境にはない。外交官の多くは、パリのような物価の高い都市では、みんな汲々とした生活をしている。現地のカウンターパートを自宅に招くことができるような、日本大使館員として恥ずかしくないような住居も実際は与えられていない。招待を受ける先方の自宅は立派であるが、こちらの方は普通のアパートである。大使以外には官舎もなければ、それ相応の額の手当も出ない。多額の持ち出しをしている館員も多かった。

その意味では、それなりの住環境や生活環境を相手に示すことは、日本での自分の立場を示すことであり、先方の信用を買うのに重要な要素である。相手だって、外交官は公務員であるから、個人がそれぞれ裕福であるとは思っていない。限られた期間に限られた範囲で、一定の裁量や責任を負わされている役人でしかないことは百も承知である。しかしそれでも接待された客に、「この人物は相当なものだ」、「日本はわが国に対してしっかりと対応しようとしている」という印象を与えるだけの物理的環境を相手に示すことは重要であり、相手国の国民に直接働きかけるという意味では「パブリック・ディプロマシー」の一環として意味のあることである。

そんなことは「見栄や見かけ」の問題でしかない、という考え方も正しい。しかも他の先進国同様に日本は財政逼迫の局面にある。外交官といえどもそんな贅沢は困る、というのも正しい。しかし職務は他ならぬ海外での日本の面子をかけた外交である。できるだけ速やかに相手の信頼を得るにはどうしたらよいのか。それには相手がこちらを高く買ってくれるようにすることである。「見栄や見かけ」でしかないとしても、一早く相手の関心を買うことは重要であろう。

日本人は自己表現が苦手だと言われる。日本的な「察し」と「気配り」、「空気」を大切にするメンタリティは国際社会ではなかなか理解されにくい。一方、フランス人は自分の主張を明確に相手に示すことをとても大切にする。その上で自分をいかに効果的にプレゼンテーションしていくのか、ということに腐心し、それがフランスでは人物評価の重要なポイントでもある。まず人を惹きつけることが肝心である。「見栄」や「見てくれの演出」は立派に社交術の徳目の一つでもある。

経費節減の奨励が大切なことはもちろんである。そしてフランス人とは違い日本人には、「質素」が性にあっている。その方が多くの日本人には自然であり、地味な性格はわれわれの本質といってもよい。その意味では、「見栄を張ってまで豊かに見せる」ということの方が、かえって気骨が折れるというのが平均的日本人である。しかし、それでは「貧すれば鈍する」ということにもなりかねない。日本外交を最前線で支える気概も失われてしまう。経費節減で細かい計算に卓越した外交官を育てるよりも、地味な公務員である外交官に「見栄張りの仕事」を奨励してはどうだろうか。

## 第四節　官僚機構の中の新たな文化外交の模索
### ——周年事業計画とリソース・組織論理

在外公館では毎年本省に提出する次年度の計画予定を文書で作成する。大体が前年度までの報告書に準じて一部だけ表現や前年度の仕事ぶりの反映をさせる。方向性は変わらないが、漸次的に仕事は進んでおり、それに既定方針に乗って半歩前進する程度の今後の方針を付け加える。前例を範とする漸進主義的対応が普通である。

筆者は任地に赴いたころより、知的・文化交流の継続性を強く意識するようになった。さらに文化はいまや文化産業の隆盛に助けられて、ショー的要素を含んだ見本市の趣をどんどん増幅させている。そこで、翌年は一つ新機軸を提案してやろうという気になっていた。もちろん簡単には実現しないだろうが、まずは提案してみなければ何も始まらないだろう。それは「周年事業」の拡充ということであった。つまりビエンナーレやトリエンナーレという形で日仏間のイベントを集中させて、定期的なイベントにするという提案である。

#### ❖リソースの最大動員と前例主義

この提案には背景があった。筆者がパリに留学した八六年、日本びいきのシラクパリ市長（当時）は東京から三社祭や流鏑馬、そして大相撲を招聘してひとしきり日本ブームを演出しようとした。異国で初めて見るこうしたイベントに筆者も心を動かされた記憶がある。その後一九九七年と九八年に、今度はパリと東京でそれぞれ日本年を開催した。このときは筆者も日仏会館で実施されたシンポジウムなどの手伝いをした。

そして二〇〇八年、日仏一五〇周年記念事業の年には自分がその現場にいた。幸い日本のポップ・カルチャーが大流行したので、人々の日本文化に対する関心はとても身近なものになっているが、やはり従来のやり方と異なり、定期的に日本文化をプロモートする機会は確保されておくべきではないか、と日ごろから考えていたのである。

周囲の日本企業の代表や、日仏経済交流委員会や在仏日本人会などはこの案にみんな前向きである。問題は資金集めであり、スタッフであるが、後者の方は日仏経済交流委員会などと話していくうちに何とかなりそうであった。問題はどこが音頭をとるのか、ということであった。結局は民間の力で実施するしかないのだが、やはりイニシアティブは政府の方からとってほしいというのが大半の意見であった。このことは経済団体の委員会などで話したときにも言われた。筆者のカウンターパートである在京仏大使館の文化参事官もその点については乗り気であった。

そこで、年次報告書の中で、次年度の目標として掲げるだけでもしておきたい。幹部等にはそういう企画を筆者が考えていることを話しておいた。原則的に反対する者はいない。もちろん昨今の財政逼迫の折から、本省はこの種の周年事業には反応が良くない。しかしともかく提案の必要はあると考えていた。

しばらくして上がってきた年次報告書全体の草案は、前年度の文章を踏襲したものであった。そこで、周年事業については次年度からその準備を進める旨を明記して、大分手を入れた。

もちろん、それが可能になるには予算通過の折、案件が解決していなければならなかった。大きな日本関連のイベントがいくつか同時期にそろうように組織し、資金の確保が案件となることは誰しも承知していたことだった。

実はここが広報の腕の見せ所のはずであるが、情報があまり上がってこない。しかし筆者が展覧会のオープニングの招待などに出かけると、そこの館長などが情報をくれる。特に翌年は北野武関連のイベントが複数の会場で実施されることや、日本に関心の強い美術館の館長が日本のある地方の名刹の展示会をやりたいということ、パリ市が日本の夏祭りをトロカデロ広場で恒例化したいという話など、日本文化の話題は多い。文化事業の周年化に目処が立ったとは言えなかったが、他にもいくつか日仏交流団体が恒例化しているイベントもあった。

翌年は無理でも、翌々年ぐらいまでに準備をし、うまく呼びかけてイベント開催を集中させることができれば、「日本月間」、「日本文化の季節」の実現の可能性はありそうだった。しかし、なかなか部内をまとめることは大変だった。

「原則として日本国の外交に良いことである。実現については少しずつ進めていけばよい。アイデアは切らさないようにすること」と最後は押し切って、周年事業についての提案を本文に入れた。しかしそれまで若い書記官は文章表現のすり合わせに四苦八苦であった。最終的に合意による文章草案が成立し、筆者の意向を本省に伝えることになったが、数枚の文書を作成するのに、二週間ほどが経過していた。

筆者の提案はまだ予算稟請を申請するというような段階での話ではなかったので、一般論的な提案の域を出ないはずであった。しかしとりあえず提案しておかねばならない、と筆者は思った。そして折につけこの企画に合致しそうなイベントやしかるべき人々への働きかけを行っていたが、そうこうするうちに半年が経ち、筆者自身が進めていた知的交流のための学者交流のイベントの準備が忙しくなってきた。加えて、五〇年ぶりに自民党政権から民主党への政権交代が実現したことが大きな話題となったので、その広報にも時間をとられるようになった。帰国までこれらの活動に忙殺されることになり、結局、フランスでの周年事業定期化計画はいまだに実現していない。

館員がいまひとつ、周年事業計画に積極的になれなかった最大の理由は、一五〇周年記念事業の疲弊がある。日本の官僚は人員を徹底的に絞り込み、一人の人間を多角的に最大活用する体制ができている。この最大動員方式はパリの現場でも生きていて、部内では情報共有が行き届いている。優秀な担当官たちがいろんなことを察知している。それは感服するところであるが、おかげで彼らはいつも忙しい。戦略的に時間をかけて何か実施するという心理的な余裕はない。気持ちは当面の短期集中的な仕事をこなすことで目一杯となる。当然リソースは「逐次投入型」の使われ方をし、適当に投入したところで、うまく引いていくことが無難で「賢い」やり方となっている。

第二の理由は、官僚機構特有の前例主義である。日本の官僚機構では専門家の養成を嫌う。ジェネラリストの育成に力を入れる。最大動員するにはこれは便利だが、結局、専門家集団ではない。したがって、個別の仕事を判断する能力がない。そこで前例にならった対応が無難と考えるようになる。要は、集団主義が従来社会生活の基本理念となっている日本のような社会では、新しいことをやることはそれが論理的に正しいことだとしても、実際にはなかなか実現が難しいのである。

## 日本的社会組織

機構が大きくなっていけばいくほど、権限・責任関係をきちんとしなければ組織は成り立たない。しかし余りに細部に至るまで構成員を規制するようになると、個々の構成員は組織全体のことよりも、自分自身の立場を案じ、防衛心理が働いて極端に用心深くなる。特に今日のように、停滞感が社会の隅々にまで行き渡った日本社会の現状ではそれはなおさらである。人々は自己の判断で何事もしなくなる。積極的に進んで何かをしないことの方が無難だからである。みんながそう考えるならば、何も決まらない。そうした組織には大所高所に立った判断は行われなくなる。前例主義だけが蔓延し、自己責任回避の連鎖が構築されることになる。結果的に事態が硬直し、停滞するイモビリズムの心理状態が蔓延する。

そうした経験を繰り返すうちに、管理職・幹部の年齢に達するころには、次第に組織の擁護者の立場になっている。それに幹部になったとはいえ、自分の裁量権がきわめて限定されたものであることも自分自身がよく知っているし、逆にあまり大きなものでも困るのである。本来リーダーシップを発揮すべき立場の人間に、その訓練ができていないからである。

このことを、辻清明は日本の行政組織における「上長のリーダーシップの欠如」という表現で指摘し（辻清明『日本官僚制の研究』東京大学出版会、一九九五年）、カレン・ウォルフレンは日本国家に「中枢なし」と喝破した（カレン・ウォルフレン『日本　権力構造の謎』早川書房、一九九四年）。村松はリーダーシップの欠如を「トップ・ストラクチュアの弱さ」と表現し、「最大動員方式」による「権限の下方への委任の現象」があると論じた（村松岐夫『日本の行政』中央公論新書）。

村松の「指摘」する内容は以下の通りである。まず、日本の官僚機構はどこもマンパワーが限度いっぱいの状態で運営されている。欧米の組織と違い、専門に特化することなく、ジェネラリストとして他の部署でのリソースの不十分さをお互いにカバーしあうことを前提に運営されている。常に総動員体制で一杯一杯の状態がむしろ常態となっている。そうした中でトップが先頭を切って自分のスタッフを指導したり、独自の政策を下に命令する立場にはない。全員が担当して一つの仕事に従事するという体制ができている。全組織が分業体制をとって所管の仕事を行う。トップは部下に任務を委任し、「トップも全体の一部になる」のである。当然責任の主体は明らかではない。日本の官僚機構は、公務員個人の権限と責任を明確にするよりは、全体としての能率を追求したシステムなのである。

## フランスと日本――「する論理」と「なる論理」

こうした組織は社会が安定し、平時の時にはよいが、危機対応には適さない。それが日本の歴史の中で大きな災いを幾度となく生んだ。しかしそれは必ずしも日本だけのことではない。かつて第二次大戦前のフランスは、ドイツの強大化にもかかわらず、安定志向から抜け出ることができず、ドイツが実際にオーストリアを合併した後になっても、まだ戦争の可能性については楽観視したままであった。むしろ、そう自らを納得させようという瞞着としか言いようのない心理が蔓延していた。一九三六年に成立した社会党レオン・ブルム首班の歴史上名高い人民戦線内閣は、人類史上初めて有給休暇を実現し、団体交渉権を労働者に与えた。社会保障の面からは画期的な内閣であったが、この時期ドイツは軍拡に努め、次なるターゲットであるチェコスロヴァキアへの侵攻のための爪をといでいたのであった。

この反省に立って成立したのが、ドゴールが構築した第五共和制という今日のフランスの政治体制である。強い大統領権限に基づく行政の優位、強固な官僚制度を軸とする危機対応型の政体である。筆者は日本人の知識人に多い「フランス理想主義者」ではないつもりだが、第五共和制に対する国民の確固とした忠誠心は、軸のぶれない論理と思考によって国民的コンセンサスを確立していると言えよう。

これに対して、日本の社会組織原理は依然として大きく変わってはいない。伝統的な戦前からの体質を踏襲しているということを指摘した野口悠紀雄（『一九四〇年体制』東洋経済新報社、一九九五年）や先のウォルフレンらの議論にそれは示されている。そこには日本の伝統であり、厳しい自然条件への反応である「なる論理」（篠原一『日本の政治風土』岩波新書、神島二郎『日本人の発想』講談社現新書）という諦めと相半ばする自己責任回避の論理が依然として生きている。自ら主体的に事を動かすのではなく、結果は待つものであるという考え方である。決して自分から何か「する」という積極的な論理ではない。しかしそれはある種楽観論でもある。先の東日本大震災のときに示された被災者以下の国民の粛々とした冷静な対応の根底には、日本人の自然観と社会観があるということは夙に指摘された点である。

しかも、最近は揺らいでいるとはいえ、日本社会には無意識の平等観が根底にある。中根千枝がかつて指摘したように（『たて社会の構造』）、インドのカースト制度と比べて日本社会は「たて社会」という蛸壺の構造をとっているが、その中では構成員の各自の能力は平等であるという前提で組織が運営される。したがって、個人の真の意味での能力格差は別にして、年功序列的な地位の引き継ぎが行われる。指導者として適任かどうかではなく、一定の学歴・年齢などをクリアーしていれば平等に地位が回ってくる。あるいは先の篠原の著作の表現で言えば「即時的同一化」、すなわち、従来人種や宗教上の差異が少ない、家族的な国家における情緒的な結びつきによる社会である。それは米欧国民国家に見られる社会論理とは違う。移民が異なった社会に統合されるときのように、意識的に違いを認めた上で、一つの国家の同じ構成員であると認識するという「意識的同一化」ではない。物事は論理的な解決方法によるのではなく、情緒的な「場」の雰囲気で一見穏やかに推移していく。そこには構成員のすべてが納得しうる共有意識形成のための議論や論争はない。

## リーダーシップの模索

日本人論や日本社会・組織論の特徴は、国内のほとんどの組織と同様に在外の出先機関においても例外ではないこと、そしてこうした体質が危機時においていかに機能不全を起こすか、ということをここで確認しておきたい。

『失敗の本質』（戸部良一ほか、ダイヤモンド社、一九八四年）という労作は、危機時に弱い日本の社会組織の特徴を、第二次大戦中のノモンハン事件から沖縄戦の六つの例をとって分析した好著である。そこで指摘されていることは、第一に、戦略上の失敗要因分析としては、①あいまいな戦略目的、②主観的で「帰納的な」戦略策定、③狭くて進化のない戦略オプション、④アンバランスな戦闘技術体系であり、第二に、組織上の失敗要因分析として、①人的ネットワーク偏重の組織構造、②属人的な組織の統合、③学習を軽視した組織、④プロセスや動機を重視した評価である。

あいまいな戦略というのは日本人社会では日常茶飯事である。議論の中で行動の目的が複数にわたり、両論併記的な目標設定が行われることがしばしばある。目標のプライオリティをつけることも、議論の中で発言者の相互尊重を考えると好ましくない。「和」の論理が崩れるからである。したがって緊急事態到来というときには、本当に尻に火がついたパニック状態となる。目の前の危機を脱出するだけで精一杯、後先考えていられない、という状況は東日本大震災直後の福島第一原発の東京電力の首脳陣の周章狼狽ぶりと符合する。

そして大きな決定をするときには、議論百出の中で結局演繹的で論理的な主張よりも、経験的な議論が正当化されることが多い。「理屈では正しくとも現実的ではない」という意識はわれわれの「本音」と「建て前」を分けた議論に慣れきった体質を示している。したがって、主観的で楽観的な想像によるシナリオが出てくる場合が多く、そうした議論に悲観論やより現実的な主張が敗北することも多い。情緒的な「空気」が支配的となるのである。そして、誤った結果が出ても、そのことが徹底的に検証され、責任が追及されることもない。

公務員的な体質とは、第一にその仕事の「無謬性」である。まず手続きを間違えないということである。そしてリスクを冒さないことである。これは二重三重の意味を持っている。自分に与えられた仕事の範囲では絶対に間違えないということは、極端な場合、自分の仕事以外には関わらないという気分も醸成する。特に事態が複雑になればなるほど防衛心理が増幅される。営利団体と違ってこのタイプの人間が多い。この心理は、みんなで一致団結して問題解決を図ろうという心理とは程遠い。

第二に、リスクはとらない。後で責められても、それは自分が動かなかった十分な理由となるからである。かくして、前に進む絶好のチャンスであっても、決定が下されないばかりか、重要な情報が上に上がらないという、結果的にはある種のサボタージュ的行為がまかり通ることになる。

これらのことはどこにでもあることである。日本の高級官僚の一人一人はきわめて優秀であるし、鍛えられている。外交官の多くには、素直で、ある意味で純粋無垢なタイプの人々が多い。これは少し慣れて冷静に外務官僚の行動を観察していると、筆者にとって意外な驚きであった。問題は彼らの省庁内部での感覚と、外部の認識に大きな乖離があることである。

国民からすると、外務官僚は官僚の中でも特殊である。海外で日本を代表している人たちである。海外で颯爽と働く外交官のイメージは、しばしば理想化されていると言っても過言ではない。

### 国民の外交リテラシーの向上――文化外交強化策、周年事業の定期化

日本外交の活性化には外務当局の体質改善のための努力は不可欠であるが、他方で国民の側も外交という特殊な分野に対する理解のレベルを上げなければならない。内向き志向と言われる日本的メンタリティを改善し、外交に対する関心とリテラシー(基本理解)を向上させねばならないであろう。外交は機微にわたる政務案件ばかりではない。人や文化の交流を通した海外接触が、ちょっとしたきっかけで外交に寄与することも多い。まずはそうした認識の重要性を理解することから始

めてみてはどうであろうか。外務官僚は巨大な政府機構の「役人」であり、特殊な人間の集団ではない。官僚機構にはすでに述べたように改変すべき点が多くある。しかし同時に官僚批判ばかりではなく、役人がより機能的に動ける環境も作っていかねばならない。

そうした国民的理解を得た上で、予算の確保と体制と人的リソースの育成は今後急務である。各国の広報文化予算を比較すると、二〇〇八年の統計で中国が国家予算の〇・五一％、四七七五億円、韓国が〇・七九％、一一六九億円、日本は〇・一二％、一〇一八億円である。文化外交のための予算は単に国内的な論法で考えるべきではない時代だ。在外公館での文化活動はきわめて不自由で、制約が多いのが実態である。

広報文化外交の体制作りも不可欠である。その第一は、文化担当専門官の本格的な育成だ。文化交流事業には政府・政治家・有力な企業が関わっていることも多い。こうした人々との接触のパイプは一つでも多い方がよい。民間レベルでの文化交流とともに、公式な外交ルートにつながるパイプの恒常的な開拓を通した情報交換や協力は不可欠である。

第二に、知的交流と日本語の普及は十分ではない。「著名人を講演やシンポジウムに派遣すればよい」という傾向は、依然としてある。また「現地の日本語教師会への支援で済ませればよい」という考えでは不十分である。知的交流には、専門領域での地味で継続的な知識人の交流が不可欠であり、日本語教育の浸透には、日本からの教育体制への支援と現地政府の教育活性化のための交渉を一体化させた活動が不可欠だろう。いずれにおいても、専門的知識と技術を持ち、行政にも通じている人材の育成が急務だ。

第三に、日本の外交戦略・外交的な見識を海外に伝えていくことが重要だが、この部分も弱い。「平和的な文化大国」としての日本のイメージは、そのための基礎として十分である。手段と方法は確立されつつある。二年に一回、三年に一回でもよい。日本文化の振興のためのフェスティバルを定例化させることも必要であると思う。経費削減の折から周年事業は難しいと聞かされたが、ここはプライオリティを上げて、そうしたビエンナーレ、トリエンナーレによって定期的な日本文化の存在感を示す活動を行うことは不可欠だと思う。

第四に、その上で発信のための主体性と普遍性のある外交見識の育成をどう進めていくか、深刻な問題である。そしてその体制作りも不可欠である。官と民の違いをひとつひとつ確認しているような状態では困る。良いものは良い、日本全体の広報にとって有効である、というコンセンサスをスムーズにとれる統合された体制、あるいは専門機関が必要であろう。さらに海外での実施のためには、海外での友好団体、現地メディアの積極的な活用のための方策も必要である。

第五に、戦略的な地域・分野の優先順位と予算の重点配分は再検討した方がよい。例えば、パリで評価されることは欧州全体、そして世界に大きな影響力を持つ。広報文化外交の強化政策とそのための人材育成は不可欠で急務である。

そして最後に、一番重要なことであるが、一連の民間・政府の事業が必ずしも有機的に結びついていないことである。文化交流（文化外交と呼べないレベルという意味で）はもともと民間主導の性格が強い分野ではあるが、外交のレベルで考えたときには、一貫性のある統合された戦略が不可欠であろう。縦割り行政、官民分離では困る。長期的視野からの戦略が必要となっている。

## 広報文化専門官を養成せよ

繰り返しになるが、中でも広報文化活動のマインドと人材を育成していくことは急務である。日々遺漏のないように細心の配慮をもって仕事を行う姿勢は大切であるが、広報を積極的に展開することにはしばしばこの慎重さは妨げとなる。慎重さの余り、こちらからの意思表示が明確でなく、大事に至って初めて政策広報を慌てて活性化させるということもしばしば起こる。

その意味では一般広報に対する力の入れ方は十分であるとは言い難い。現場ではいずれ二〜三年ごとに担当は代わる。人脈と言ってもそれほど厚いものではない。繰り返すが、日本外交において、一般広報・文化活動の日常的なレベルでのプライオリティはそれほど高くない。外務省でも地域文化専門官という肩書を持つ人たちが幾人かいる。しかし彼らに何か特別な権限があるわけではない。肩書として一応名乗ることができるというだけで、特別な待遇があるわけでもない。また外務省にその育成制度が特にあるわけでもない。

例えば、外国研修の際に、文化交流関連専攻の修士課程の学位取得を義務付けるなどして積極的にそういった専門官を育成していく必要があるであろう、ただし、それに見合ったポストを用意することも不可欠である。しかしその点で現状は厳しい。先に述べたように日本の官僚システムは行政学で言うと「最大動員」の原則で、人的リソースを極限にまで効率よく使おうとするシステムである。各自は大抵のことは満遍なくそこそこに合格点をこなせる「ジェネラリスト」として育成されるからである。何でもできる無謬の官僚の育成である。

しかし現実にはそれぞれの分野でスペシャリストが存在していれば、彼らに任せた方がよいはずである。それができないために、ジェネラリストの平均的水準の仕事に合格点を与えることによって官僚の「無謬神話」を保ち続けることになる。専門的知識が必要な分野で、初心者レベルでの評価が省内の基準になることも結構ある。

例えば、パリの主だった美術館長は行政職でありながら、その多くは学者である。実際に本を書き、大学で講義をしている人も多い。パリ植物園長やギメ美術館長と話していると、歴史と哲学の話になることがしばしばあった。こうした何気ない日常的な付き合いで距離感を短くしていくことも外交活動の一部であろう。

同僚の若い館員が、「外交は人です」とよく言っていた。語学力も重要であるが、外交官は話の中身・教養の習熟にも努めた方がよい。冒頭に述べた、外交の中に文化（教養）があるとはその意味である。フランス外交官に文化人が抜擢されている意図もそこにある。つまりジェネラリストの育成は、個々の官僚の質の水準を均一化することによって、結果的に質の低いレベルでの安定を招くことにもなりかねない。情報化と専門化が進む今日、スペシャリストの育成は急務である。特に、広報文化活動の専門家というのは、今後日本外交の窓口的役割を担うようにもなりうるのである。

もうひとつ海外での文化活動において、準外交官的存在と考えられているのが国際交流基金職員である。しかし、それには大きな限界がある。基金の職員の海外での活動は、一民間人としての活動であるからである。そのステータスの方が動きやすいという点は確かにある。しかしオフィシャルな、より外交的性格の強い文化事業を行う上では、先方の国のしかるべき行政府の役人なり、政治家、企業とコンタクトを取らねばならないケースは多い。平たく言えば、そういうときには肩書がものを言う。必要なところは大使館なり、在外公館の文化部と協力してやればよいというのは理屈に過ぎない。現実にはそうした仕組みがうまく機能するのは限られた場合である。基金職員が民間人であるということは、先方の政府関係者との関係においては限界がある。また職員の側としても外交権限も責任もないわけだからどこまで対応してよいのかわからないケースも多い。

他方で、大使館が間接的に関わる場合には、権限関係をめぐる守備範囲が問われることが多く、協力の仕方が不十分となる傾向が強い。形式的な対応で終わることも多い。現実には、外務省と国際交流基金の在外公館の協力形態はケースバイケースとなる。かつてのように資金が十分であった時代には、重複もやむをえないという前提で、無駄を承知でそれぞれがやっていても結果が出るところを評価すればよかったが、今日のように切り詰められた状態では、現場での合理的な組織化の追求が不可欠であろう。

一定以上の規模に達する海外での文化活動は外交活動とできるだけ関連づけて考えるようにしたほうがよい。外務省代表と国際交流基金のより合理的な協力体制である。いずれにせよ、「官」そのものの機構の有機的連携、そして「民」との相互依存関係によって国際的文化活動を文化外交として統合し、戦略的視野から位置づけていかねばならない時期がきているのはまちがいない。

日本外交において、対外的な文化発信と国際文化交流のさらなる活性化はいうまでもないが、広義の「文化活動」はいまやその次元を超えて、「文化外交」として官民一体となった外交実現の重要な手段領域となっている。本書の趣旨もそこにある。

# 参照・参考文献


## 第一章

- 岸清香「フランス」『主要先進国における国際交流機関調査報告書』国際交流基金、二〇〇三年
- 松田武『戦後日本におけるアメリカのソフト・パワー——半永久的依存の起源』岩波書店、二〇〇八年
- 渡辺靖『アメリカン・センター——アメリカの国際文化戦略』岩波書店、二〇〇八年
- フレデリック・マルテル『超大国アメリカの文化力』勁草書房、二〇〇八年
- *Institut Français, la culture en partage*, Institut Français, 2011.
- Institut français のサイト：http://www.institutfrancais.com/
- Herman, Lebovics « L'opération Joconde: Malraux séduit Les Etats-Unis » dans Foulon, Charles-Louis, *André Malraux Et Le Développement Culturel De La France*(edit), Editions Complexe, 2004.
- Roche, François, et Pigniau, Bernard, *Histoires de la diplomatie culturelle des origines à 1995*, Epuisé, 1995.
- de Raymond, Jean-François, *L'action extérieure de la France, Notes et études documentaires,* (n.5120), La Documentation française, 2000.
- Roche, François, *La Culture dans les relations internationales*, E.F.R.I., 2002.
- Lane, Philippe, *Présence française dans le monde—l'action culturelle et scientifique* (n.5328), La Documentation française, 2011.

## 第三章


・『外交　三号　特集　文化外交とソフトパワー』二〇一〇年　外交編集委員会
・ガブリエル・A・アーモンド&シドニー・ヴァーバ著『現代市民の政治文化：五カ国における政治的態度と民主主義』勁草書房、一九七四年
・クリフォード・ギアツ『文化の解釈学1』岩波書店、一九八七年
・ジョゼフ・ナイ『ソフトパワー』日本経済新聞社、二〇〇四年
・サムエル・ハンチントン『文明の衝突』集英社、一九九八年
・エドワード・バーネイズ『新版プロパガンダ』成甲書房、二〇一〇年
・J・M・ミッチェル『文化の国際関係論』三嶺書房、一九九〇年
・岩崎功一『ソフトパワーとブランドナショナリズムを超えて』日本経済新聞社、二〇〇七年
・大園友和『世界「文化力戦争」大図鑑――クールジャパンが世界を制す』小学館、二〇〇八年
・金子将史・北野充『パブリック・ディプロマシー――「世論の時代」の外交戦略』PHP研究所、二〇〇七年
・近藤誠一『文化外交の最前線にて』鎌倉春秋社、二〇〇八年
・斎藤真・杉山恭・馬場伸也・平野健一郎編『国際関係における文化交流』日本国際問題研究所、一九八三年
・中村伊知哉・小野打恵『日本のポップパワー』日本経済新聞社、二〇〇六年
・平野健一郎『国際文化論』東京大学出版会、二〇〇〇年
・平野健一郎監修『戦後日本の国際文化交流』勁草書房、二〇〇五年
・福島安紀子『紛争と文化外交――平和構築を支える文化の力』慶應義塾大学出版会、二〇一二年
・星山隆「日本外交とパブリック・ディプロマシー――ソフト・パワーの活用と対外発信の強化に向けて」(財団法人世界平和研究所 IIPS Policy Paper June 2008)

・松村正義『新版国際交流史』地人館、二〇〇二年
・渡辺靖『文化と外交——パブリック・ディプロマシーの時代』中央公論新書、二〇一一年
・馬渕明子『ジャポニスム』ブリュッケ、一九九七年
・ジャポニズム学会『ジャポニズム入門』思文閣出版、二〇〇〇年
・木々康子『林忠正』ミネルヴァ書房、二〇〇九年
・林忠正シンポジウム実行委員会『林忠正　ジャポニスムと文化交流』日本女子大叢書、ブリュッケ、二〇〇七年
・村上紀史郎『「バロン薩摩」と呼ばれた男——薩摩治郎八とその時代』藤原書店、二〇〇九年
・小林茂『薩摩治郎八——パリ日本館こそわがいのち』ミネルヴァ書房、二〇一〇年
・Hocking, Brian, “Rethinking the ‘New’ Public Diplomacy” in ed. Melissen, Jan, *The New Public Diplomacy*, Palgrave, 2007.
・Dinnie, Keith, *National Branding*, Butterworth-Heinemann, 2008.
・Fisher, Rod, “Recognising the Significance of Culture in Government and EU External relations,” *Mobility Matters,* an ERICarts(European Institute for Comparative Cultural Research) report, 2008.
・Mead, Walter Russell, *Power Terror, Peace and War*: *America’s Grand Strategy in a World at Risk*, Vintage, 2005.
・Melissen, Jan “The New Public Diplomacy Between Theory and Practice” in ed. Jan Melissen, *The New Public Diplomacy—Soft Power in Internationl Relations*, Palgrave, 2007.
・Ogoura, Kazuo, *Japan’s Cultural Diplomacy*, The Japan Foundation, 2009.
・Pamment, James, *New Public Diplomacy in the 21st Century—A comparative study of policy and practice*, Routledge, 2012.

・Tuch, Hans, *Communicating with the World: US Public Diplomacy Overseas*, St Martin's Press, 1990


## 第四章

・ＮＨＫ『Cool Japan』取材班編『Cool Japan』ランダムハウス講談社、二〇〇八年
・大石裕・山本信人『イメージの中の日本――ソフト・パワー再考』慶應義塾大学出版会、二〇〇八年
・神島二郎『日本人の発想』講談社現新書、一九七五年
・国際交流基金文化交流研究委員会「二一世紀、新しい文化交流を」二〇一〇年二月
・村松岐夫『日本の行政』中央公論新書、一九九四年
・中根千枝『たて社会の構造』講談社現代新書、一九六三年
・戸部良一ほか『失敗の本質』ダイヤモンド社、一九八四年
・*Herman, Paul, Europe Japon—Regards croisés en bandes dessinées*, Glénat, 2009.
・清谷信一『フランスおたく物語』講談社文庫、二〇〇九年
・櫻井孝昌『アニメ文化外交』ちくま新書、二〇〇九年
・浜野保樹『模倣される日本』祥伝社、二〇〇五年
・McGray, Douglas, "Japan's Gross National Cool," *Foreign Policy*, 2002.
・Cooper-Chen, Anne, *Cartoon Cultures—The Globalization of Japanese Popular Media*, Peter Lang, 2010.
・Johnson-Woods, Toni(ed), *MANGA*, Continuum, 2009.
・Bouissou, Jean-*Marie, Manga, Histoire et univers de la bande dessinée japonaise,* Philippe Picquier, 2010.

ま



や・ら・わ

さ

■事項索引

欧文・略号



あ

# 索引

## ■人名索引

[著者紹介]

**渡邊啓貴**（わたなべ　ひろたか）

1954年生まれ，現在，東京外国語大学大学院教授，同大学国際関係研究所長。

専門は，国際関係論・フランス政治外交論・ヨーロッパ国際関係史・文化外交論。

東京外国語大学外国語学部フランス語学科卒業。東京外国語大学大学院地域研究科修士課程修了。慶應義塾大学大学院法学研究科博士課程修了。パリ第一大学大学院国際関係史研究科博士課程修了。『外交』『Cahiers du Japon』編集委員長，在仏日本大使館広報文化公使，日仏政治学会理事長など歴任。

著書に，『ミッテラン時代のフランス』（芦書房，1991年，第９回渋沢・クローデル賞受賞），『フランス現代史』（中央公論新書，1998年），『ヨーロッパ国際関係史　繁栄と凋落，そして再生』（編，有斐閣，2002年新版），『米欧同盟の協調と対立——二十一世紀国際社会の構造』（有斐閣，2008年）など。

[カバー写真]
左上：『モナ・リザ』（ユニフォトプレス）
左中・右上：モナコ総合日本展（モナコ・グリマルディフォーラム）
右中：ジャパン・エキスポ2011（著者撮影）

**フランスの「文化外交《ぶんかがいこう》」戦略《せんりゃく》に学《まな》ぶ——「文化《ぶんか》の時代《じだい》」の日本文化発信《にほんぶんかはっしん》**

NDC 302 ／ viii, 255p ／ 19cm

---

初版第１刷——2013年５月10日

著者————渡邊啓貴《わたなべひろたか》
発行者————鈴木一行
発行所————株式会社 大修館書店
〒113-8541 東京都文京区湯島 2-1-1
電話03-3868-2651（販売部）03-3868-2293（編集部）
振替00190-7-40504
[出版情報] http://www.taishukan.co.jp

---

装丁者————CCK（松本明日美）
印刷所————広研印刷
製本所————牧製本

---

ISBN 978-4-469-25083-1 Printed in Japan